ANDROID STUDIO 2

DESARROLLO DE APLICACIONES NATIVAS DESDE CERO

LA HERRAMIENTA OFICIAL DE DESARROLLO
PARA DISPOSITIVOS ANDROID

por Viviana Zanini y Luis Hereter

RedUSERS

USERS

TÍTULO: Android Studio 2

AUTORES: Viviana Zanini y Luis Hereter

COLECCIÓN: Seriado

FORMATO: 24 x 17 cm

PÁGINAS: 224

ISBN 978-987-734-063-1

Zanini, Viviana

Android studio 2 / Viviana Zanini; Luis Hereter. - 1a ed. - Ciudad Autónoma de Buenos Aires: Fox Andina, 2016.

224 p.; 24x17 cm. - (Seriada; 22)

ISBN 978-987-734-063-1

1. Lenguaje de Programación. 2. Sistema Operativo. 3. Desarrollo de Programas. I. Hereter, Luis II. Título

CDD 005.1

LPCUSE22

UNA ÉPOCA ANSIADA
REALIDAD VIRTUAL Y AUMENTADA
RedUSERS PREMIUM
POWER
UNIVERSO INTERNET OF THINGS
USERS
Realidad virtual
Tu vida Nube
REDES WIRELESS
MOTOS
Bootstrap
Huerta Fácil
TOMATE
Maquillaje
COCINA consciente
El libro del embarazo

Viviana Zanini

Es analista de Sistemas de Computación y profesora de Informática y ha realizado diferentes cursos de capacitación en el área de programación. Se desempeña como profesora en institutos educativos incorporados a la enseñanza oficial en los niveles primario, secundario y terciario, donde confeccionó guías de estudio para las materias que imparte. En esta editorial, ha colaborado como autora en fascículos y ha publicado los libros *Macros en Excel 2013* y *Tablas y gráficos dinámicos en Excel 2013.* Junto con Luis Hereter, ha escrito los libros *jQuery Mobile* y *Bootstrap.*

Agradecimientos

A mi familia y amigos. A mis sobrinos: Víctor, el *tester* de mis proyectos, y Christian, que me acompañó durante la redacción de este libro aportando sus conocimientos de inglés y preparándome unos ricos cafés. A Luis, por brindarme su amistad y contribuir a que mis neuronas no se oxiden. Y a Milagros, por volver a ayudarnos con este proyecto.

Luis Hereter

Es analista de Sistemas de Computación, profesor de Sistemas y desarrollador web desde 1997. Se desempeña como webmaster desde hace más de ocho años. Es desarrollador de aplicaciones móviles y de escritorio.

Agradecimientos

A mi hijo Leandro y mi sobrino Jerónimo, a través de quienes voy a poder ver y vivir el futuro. A mis tíos Sabina y Jorge, por su generosa ayuda, por darme la oportunidad de volver a creer en la familia.

Prólogo

Desde hace mucho tiempo, Google nos venía prometiendo un entorno de desarrollo para realizar aplicaciones Android. Sin este, debíamos utilizar Eclipse, que, a pesar de adaptarse a lo que necesita un programador, no era un entorno creado especialmente por la compañía del sistema operativo y requería conocimientos del lenguaje de programación Java. Como en iOS, que tiene su entorno de desarrollo Xcode creado por Apple para su sistema operativo, Android nos debía un entorno de desarrollo en donde pudiéramos realizar aplicaciones para todos los productos de la compañía que cuentan con su sistema operativo.

Ahora, con Android Studio... ¡cumplió! Si bien recién es el comienzo, y todavía quedan varios puntos para ajustar, Android Studio supera cualquier expectativa, tanto para un programador que recién se inicia en el mundo de aplicaciones móviles como para uno experto en Java.

Para los que, como nosotros, veníamos del desarrollo con Eclipse, el resultado de esta experiencia fue fascinante. Nos encontramos con un entorno de desarrollo adaptado a las necesidades de cualquier programador, y con gran facilidad para el desarrollador que no sabe demasiado aún sobre la programación orientada a objetos. Podríamos decir que alguna noción de programación hay que tener, pero también que las cosas salen por intuición, que tranquilamente puede ser un entorno para comenzar a aventurarse en el mundo del desarrollo de sistemas.

El futuro de la programación —como suelo decir— está en los dispositivos móviles. Este libro pretende ser un comienzo para todos aquellos que quieran entrar en el mundo de la programación Android, de tablets, relojes, o celulares, o simplemente quieran iniciarse en la programación.

Se abre un nuevo mundo en desarrollos móviles, y Android Studio no es ajeno a esta nueva era. Esperamos que disfruten de este libro y comiencen a crear y comercializar sus aplicaciones.

Luis Hereter

El libro de un vistazo

Este libro está orientado a aquellas personas con conocimientos básicos sobre programación que quieran aprender las herramientas que nos proporciona Android Studio para crear aplicaciones para dispositivos móviles y televisores inteligentes con el sistema operativo Android y distribuirlas en la tienda Google Play.

01 ANDROID

En el inicio del recorrido nos adentraremos en los conceptos básicos sobre sistemas operativos. Haremos una concisa introducción sobre la historia de Android y la máquina virtual que utiliza. Veremos las diferencias entre aplicaciones híbridas y nativas. Finalmente conoceremos qué es Android Studio.

02 INSTALACIÓN

En este capítulo aprenderemos a instalar el entorno de desarrollo Android Studio bajo el entorno operativo Microsoft Windows. Posteriormente conoceremos y crearemos la estructura de un proyecto. Finalmente, veremos cómo ejecutar una aplicación usando el emulador de Android Studio.

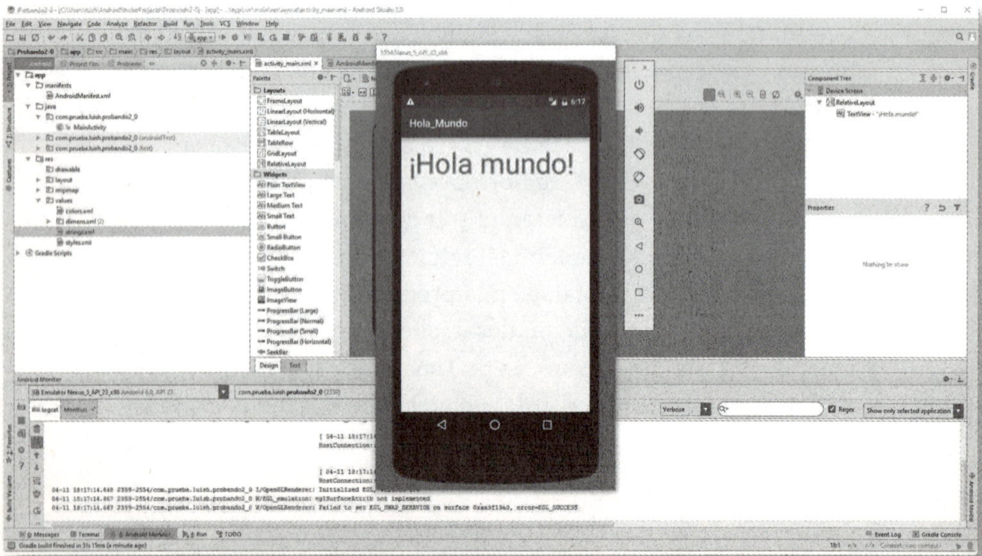

03
ACTIVIDADES (ACTIVITIES)

Una vez creado el proyecto, comenzaremos a explicar qué son las activities ('actividades') que nos permitirán crear la interfaz de la aplicación. Mediante un ejemplo aprenderemos a desarrollar actividades y a realizar la navegación entre las diferentes pantallas que componen una aplicación empleando el editor de navegación.

04
COMPONENTES DE LA INTERFAZ DE USUARIO

En este capítulo nos dedicaremos a explicar qué son los layout y los principales componentes gráficos que trae Android Studio, que nos permitirán crear la interfaz gráfica de la aplicación: TextView, EditText, Button, ImageView, RadioButton, CheckBox y ListView. Presentaremos sus principales características y opciones de configuración.

05
ALMACENAMIENTO DE DATOS

A través de diferentes ejemplos, conoceremos y aprenderemos a interpretar el código generado por Android Studio en los archivos .java para poder agregar el nuestro. También explicaremos cómo guardar la configuración de un usuario en un archivo de texto y cómo almacenar información en una base de datos.

06
NUESTRA PRIMERA APLICACIÓN ANDROID

Para poner en práctica lo aprendido hasta el momento, crearemos una aplicación: una calculadora básica que incluirá una pantalla de inicio a la aplicación y una pantalla principal. Luego veremos cómo crear un archivo de extensión .APK con sus correspondientes firmas.

07
GOOGLE PLAY

En este capítulo, veremos una introducción sobre la tienda de contenidos Google Play. Explicaremos los pasos para adquirir una cuenta de desarrollador Android. Una vez terminada la aplicación, aprenderemos a publicarla en la tienda de contenidos.

Contenido

Google
Google Now: información justo cuando la
Las tarjetas te muestran información útil incluso antes de que busques.
La aplicación Google
Google Play
App Store
Madrid
10°
7 minutos a Plaza Colón
Organiza tu dí
Más información

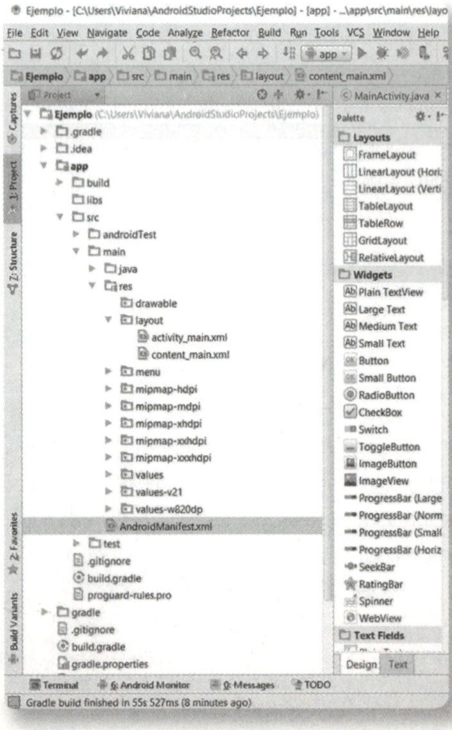
File Edit View Navigate Code Analyze Refactor Build Run Tools VCS Window Help
Ejemplo
app
src
main
res
layout
content_main.xml
MainActivity.java
Palette
Layouts
FrameLayout
TableLayout
TableRow
GridLayout
RelativeLayout
Widgets
Plain TextView
Large Text
Medium Text
Small Text
Button
Small Button
RadioButton
CheckBox
Switch
ToggleButton
ImageButton
ImageView
SeekBar
RatingBar
Spinner
WebView
Text Fields
.gradle
.idea
build
libs
androidTest
java
drawable
activity_main.xml
menu
mipmap-hdpi
mipmap-mdpi
mipmap-xhdpi
mipmap-xxhdpi
mipmap-xxxhdpi
values
values-v21
values-w820dp
AndroidManifest.xml
test
.gitignore
build.gradle
proguard-rules.pro
gradle
gradle.properties
Design
Text
Terminal
6: Android Monitor
0: Messages
TODO
Gradle build finished in 55s 527ms (8 minutes ago)

03

ACTIVIDADES (ACTIVITIES)

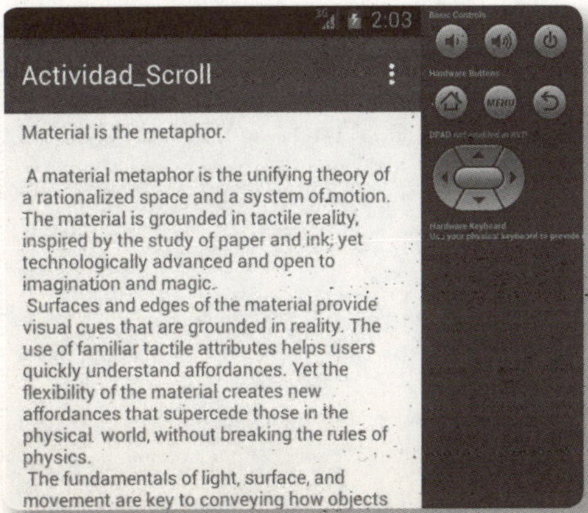

04

COMPONENTES DE LA INTERFAZ DE USUARIO

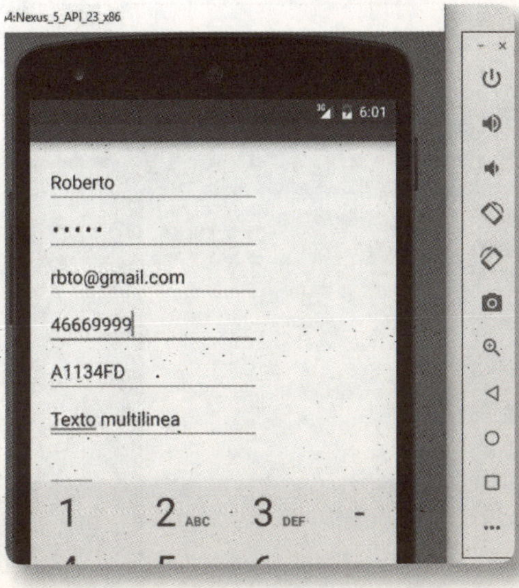

05

ALMACENAMIENTO DE DATOS

06

NUESTRA PRIMERA APLICACIÓN ANDROID

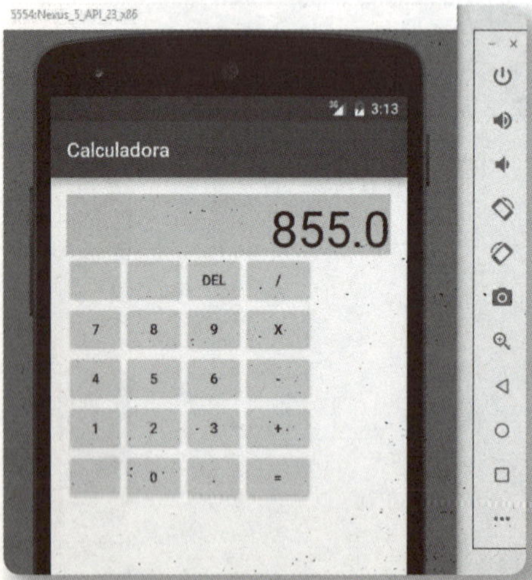

07

GOOGLE PLAY

Introducción

Durante los últimos tiempos, la forma en la que nos relacionamos y nos comunicamos ha ido cambiando drásticamente: el telégrafo evolucionó en el teléfono, un medio que nos permite hablar como si estuviéramos cara a cara; el correo postal, más lento, fue complementado por el correo electrónico, que llega a cualquier parte del mundo en un milisegundo. Recientemente, surgieron nuevos medios de comunicación, como lo son los smartphones, tablets o *e-watches*, dispositivos que nos permiten mantenernos conectados con los demás y tener, al alcance de nuestras manos, casi todo lo que pasa en el mundo. Pero nada de esto sería posible sin las aplicaciones, ya que son ellas las verdaderas herramientas de comunicación.

En los últimos años, Android se ha convertido en el sistema operativo favorito de los fabricantes de dispositivos móviles. Por este motivo, el desarrollo de aplicaciones para esta plataforma se ha vuelto muy atractivo, lo cual brinda libertad a los desarrolladores para crearlas con un sinfín de propósitos.

Android Studio es la herramienta que nos proporciona Google para crear, de la manera más sencilla, aplicaciones acordes a este ecosistema. El objetivo de este libro es proporcionar los conocimientos básicos que sirvan como punto de partida para desarrollar una aplicación Android empleando el entorno operativo Android Studio 2.0.

Empezaremos por lo más general, conociendo el IDE ('entorno de desarrollo integrado') creado por Google para desarrollar aplicaciones Android. Veremos cuáles son los requisitos mínimos para instalar Android Studio y su configuración bajo el entorno operativo Windows.

A lo largo de cada capítulo aprenderemos a crear interfaces de usuario utilizando los componentes básicos que nos proporciona este entorno. Luego, avanzaremos un poco más y veremos cómo interpretar el código generado por Android Studio en los archivos JAVA, y cómo almacenar datos en un archivo de texto o en una base de datos.

Finalmente, aprenderemos a registrarnos como desarrolladores y a publicar nuestra aplicación en la tienda de Google Play para poder distribuirla, en pocos pasos, al mundo entero.

01 Android

En este primer capítulo vamos a definir qué es un sistema operativo, para luego conocer sus funciones y su composición interna para dispositivos móviles. Aprenderemos también qué es Android y cómo es la máquina virtual que utiliza este sistema operativo. Repasaremos su historia desde el comienzo hasta la actualidad y, finalmente, nos centraremos en Android Studio.

SISTEMAS OPERATIVOS

Antes de comenzar a introducir el tema de Android, sería conveniente entender qué es un sistema operativo. En un sentido amplio, podemos decir que un sistema operativo (en inglés, *operating system*) es un **software** que crea una interfaz que nos permite controlar el hardware y software de nuestra computadora por medio de un programa o conjunto de programas, y que, además, permite administrar los recursos del sistema por medio de órdenes o instrucciones.

Con el avance tecnológico de hoy en día, no solo contamos con computadoras de escritorio, sino que también existen otros dispositivos electrónicos que utilizan un **microprocesador** (por ejemplo, tablets, smartphones, heladeras, microondas) y que, por lo tanto, necesitan un sistema operativo para funcionar. Para cada uno de estos dispositivos existe una gama de sistemas operativos.

En lo que respecta a los dispositivos móviles, estos utilizan sistemas operativos más sencillos que los de una computadora de escritorio. Sin embargo, todos estos dispositivos que mencionamos están compuestos por las siguientes capas:

- **Kernel** (núcleo): es la parte del sistema operativo que se encarga de controlar, administrar y gestionar todos los recursos del hardware.
- **Middleware** (intermediador): se encarga de ejecutar las aplicaciones y librerías. También ofrece servicios fundamentales para el funcionamiento del dispositivo móvil; por ejemplo, códec multimedia, intérpretes de páginas web, motor de mensajería y comunicaciones.
- **Entorno de ejecución de aplicaciones**: nos provee de recursos tales como un gestor de aplicaciones y un conjunto de interfaces

PRIMER SISTEMA OPERATIVO

En los años sesenta los laboratorios de investigación de General Motors desarrollaron para su computadora IBM 701 el primer sistema operativo, al cual denominaron **Monitor**. Este sistema operativo poseía funciones muy elementales, como la visualización y modificación del contenido de la memoria principal y la ejecución secuencial de los trabajos de los usuarios.

programables (**API** - *Application Programming Interface*), que nos permiten crear y desarrollar software.

- **Interfaz de usuario** (*shell*): es la parte del sistema operativo que se encarga de la interfaz usuarios-dispositivo. Es decir, es la parte visible que nos permite manipular el sistema operativo mediante íconos, menús, listas, etcétera.

Los sistemas operativos de computadoras de escritorio y notebooks más utilizados son **Windows 10**, de Microsoft; **OSX**, de Apple, y **Linux**. Para los dispositivos móviles, los más empleados son **Android**, **iOS** y **Windows Phone**.

¿QUÉ ES ANDROID?

Como ya anticipamos en el apartado anterior, Android es un sistema operativo que fue inicialmente creado para teléfonos inteligentes (smartphones) por la empresa Android Inc. y comprado en 2005 por la empresa **Google**. Su núcleo (kernel) está basado en Linux, lo que lo convierte en un sistema multiplataforma, libre y gratuito.

El sistema operativo Android tiene una estructura constituida por capas. Cada una de ellas se encarga de una determinada función. Las capas están compuestas por datos y un conjunto de **rutinas** que pueden ser llamadas por las capas de niveles superiores, es decir que forman una estructura ordenada jerárquicamente.

Las cuatro capas que forman la estructura del sistema operativo Android —y que vemos en la **Figura 1**— son las siguientes:

- **Aplicaciones:** se encuentran en el primer nivel y contienen las aplicaciones incluidas en Android, esto es, un navegador, un cliente de correo electrónico, un calendario, mapas y todas las aplicaciones que el usuario instale en su dispositivo.
- **Framework**: esta segunda capa proporciona el conjunto de herramientas que nos van a permitir desarrollar una aplicación.
- **Librerías y máquina virtual**: esta capa incluye tanto las librerías nativas (bibliotecas de C/C++) y las librerías de entorno de ejecución (bibliotecas de Java) como la **máquina virtual**.

- **Kernel de Linux**: el kernel es el que hace de intermediario entre el software y el hardware. Por ejemplo, al hacer una llamada, necesitamos la interfaz de usuario para realizarla (software) y la conexión a la red (hardware) para poder comunicarnos. Además, se encarga de gestionar los mecanismos de protección de accesos a la memoria central y de administrar las interrupciones, excepciones y la comunicación entre procesos.

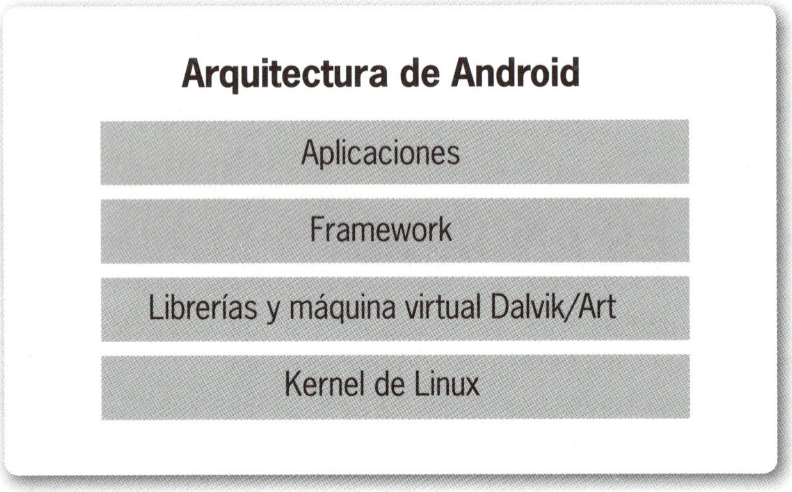

Figura 1. Sistema de capas del sistema operativo Android.

Dalvik

Dalvik es una **máquina virtual** desarrollada en **Java** que hace de intermediario entre el kernel y las aplicaciones. Su nombre se debe a un pequeño pueblo de Islandia donde vivía uno de sus creadores, Dan Bornstein. Es de código abierto (*open source*) y fue publicada bajo licencia Apache.

Dalvik está optimizada para trabajar en dispositivos con poca memoria y poca velocidad de procesador, como lo eran los primeros dispositivos que salieron al mercado con el sistema operativo Android.

Podríamos decir que Dalvik es una adaptación de la máquina virtual de Java, que pertenece actualmente a la empresa Oracle. Fue desarrollada, entre otros motivos, para no tener problemas de licencia con esta empresa, después del litigio sucedido entre los años 2010 y 2012, en el que Oracle acusaba a Google de infringir licencias.

El jurado declaró que la empresa Google no infringía ninguna patente, y la declaró, de esta forma, libre de culpa y cargo.

Dalvik estaba incluida en el sistema operativo Android hasta su versión 4.4 KitKat, en la cual se comenzó a utilizar la nueva máquina virtual ART.

ART

ART (**Android RunTime**, 'entorno de ejecución de Android') es la nueva máquina virtual que utiliza el sistema operativo Android hasta la fecha de edición de este libro y, seguramente, por mucho tiempo más.

La principal diferencia con Dalvik es que, una vez instalada la aplicación, ART reduce el tiempo de ejecución e inicio y, en consecuencia, actúa con más fluidez. Otra diferencia es que Dalvik interpreta (compila) el código cuando se ejecuta la aplicación (lo que se conoce como **compilación justo a tiempo** o *just in time*). En cambio, cuando se instala ART, va precompilando la aplicación (**adelante en el tiempo** o *ahead of time*). Esto hace más veloz su ejecución y más lenta su instalación; también permite que su cierre sea más rápido y que, en consecuencia, utilice menos el procesador y la batería dure más.

UN POCO DE HISTORIA

Entre los dispositivos móviles, Android es el sistema operativo más usado hasta la fecha de edición de este libro. Inicialmente fue desarrollado, en 2004, como plataforma para cámara de fotos, según reveló Andy Ruben, uno de los creadores del proyecto. En julio de 2005

MÁQUINA VIRTUAL

Una máquina virtual o *virtual machine* (en inglés) es un software que simula ser un sistema operativo, lo que nos permite utilizar disco, memoria y puertos y ejecutar programas como si fuera una computadora real independientemente del hardware. Podemos tener, así, varios sistemas operativos en una misma computadora. Las más conocidas son **VMWare**, **Virtualbox** y **Parallels**.

fue comprado por Google a sus desarrolladores, Android Inc., para lanzar la versión **1.0** en el año 2008.

En abril de 2009 se lanzó la versión **1.5** (Cupcake), mucho más estable que la versión 1.0; a partir de ese momento, muchos fabricantes optaron por equipar sus dispositivos con este sistema operativo.

Las versiones **2.0**, **2.2** o **2.3** trajeron muchas mejoras, como por ejemplo, la incorporación de **Google Maps** y la integración con varias cuentas de correo a la vez desde un mismo teléfono.

En febrero de 2011 apareció la versión **3.0** (Honeycomb). Esta introdujo un cambio notable en la interfaz, pensada ahora para adaptarse preferentemente a grandes resoluciones de pantalla (esta versión está destinada a tablets con pantallas de 1280 x 800 pixeles). Con este cambio, resultaba más parecida al sistema operativo de una computadora que al de un teléfono. Además, el sistema multitarea fue mejorado para soportar videochat mediante **Gtalk**.

La versión **4.0** (Ice Cream Sandwich) fue lanzada en octubre de 2011, con una interfaz completamente mejorada y rediseñada. Las versiones **4.1**, **4.2** y **4.3** (Jelly Bean) incluyeron el servicio de asistencia **Google Now**.

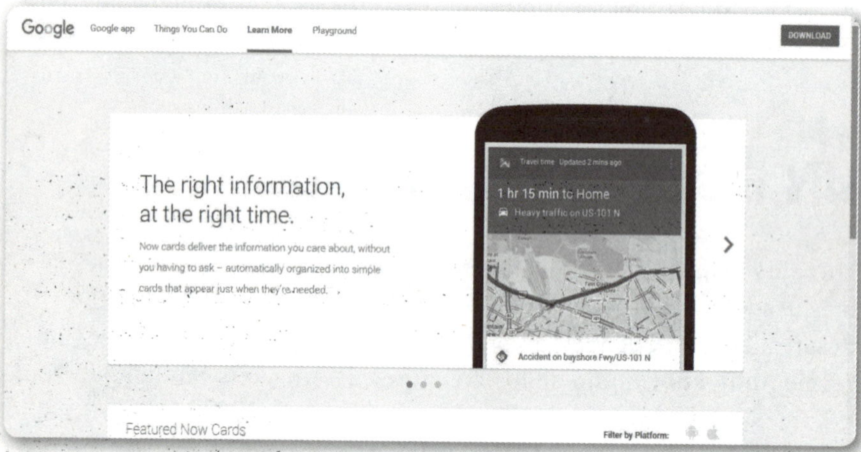

Figura 2. Sitio oficial de Google Now:
www.google.com/landing/now

La versión **4.4** (KitKat) fue lanzada el 31 de octubre de 2013. Una de las novedades más importantes de esta versión fue que incorporó la tecnología **immersive mode**. Esta función oculta automáticamente la interfaz de usuario cuando, por ejemplo, leemos un libro, vemos una película o jugamos en el dispositivo. Otra novedad es que agrega un administrador de impresión compatible con las aplicaciones de Google e integra también la herramienta **Quickoffice**, que nos permite crear planillas de cálculo y documentos de texto, entre otros.

Android **5.0** (Lollipop) hizo su aparición en junio de 2014; la versión es denominada **Android L** para los dispositivos Google Nexus 5 y Nexus 7. En octubre de ese mismo año fue anunciada como **Android Lollipop**, quinta versión del sistema operativo de Google junto con los dispositivos Nexus 6 y Nexus 9 y con la Nexus Player. Y en noviembre y diciembre de 2014 fue liberada para otros dispositivos Nexus y el Motorola Moto G vía OTA.

La novedad más importante con respecto a versiones anteriores es el **material design** (en español, 'diseño material' u **objetos materiales**, como lo denomina Google). Este nuevo concepto consiste en tener siempre un diseño a base de cuadros o piezas, que puede ser compartido por todos los dispositivos móviles y, de acuerdo con la posición, puede tener sombra y/o más luminosidad o un determinado movimiento y profundidad. Su creador es el equipo de diseño de Google, actualmente a cargo de Matías Duarte, diseñador de esa empresa.

La luminosidad y la sombra actúan para que el usuario sepa qué elemento o cuadro tiene mayor jerarquía, para interactuar entre él y el sistema, utilizando, a su vez, fondos más claros o más oscuros según corresponda. El material design es multiplataforma y se adapta a cualquier dispositivo, ya sea teléfono inteligente, tablet o PC, es decir que no fue creado solamente para ser utilizado en Android.

Google lanzó en mayo de 2015 la versión de Android **6.0** (Marshmallow). Esta versión presenta pocos cambios en la interfaz, en comparación con su antecesor. Entre las novedades más importantes que trae, podemos citar que incluye autenticación por huellas dactilares. Esta función se puede

EL ENIGMA DE LOS NOMBRES

Las distintas versiones del sistema operativo Android han sido bautizadas con el nombre de un dulce o golosina, siguiendo un orden alfabético, desde la versión 1.5 conocida como *Cupcake*. Google no ha dado una explicación oficial acerca de esta codificación.

utilizar ya sea para bloquear el dispositivo o para realizar pagos con este a través de la tecnología **NFC** (*Near Field Communications*, en español, 'tecnología de comunicación de corta distancia').

El 9 de marzo de 2016 Google liberó para los desarrolladores **Android N**, la primera versión de su nuevo sistema operativo. Esta versión, disponible únicamente para dispositivos **Nexus**, incorporó una interfaz de usuario multiventana, notificaciones de respuesta directa y notificaciones desplegables, entre otras novedades. A fines de junio de este mismo año se dio a conocer el nombre oficial de la última versión (7.0) de este sistema operativo: Nougat (en español, 'turrón'). El 22 de agosto fue liberada la versión OTA para algunos dispositivos móviles.

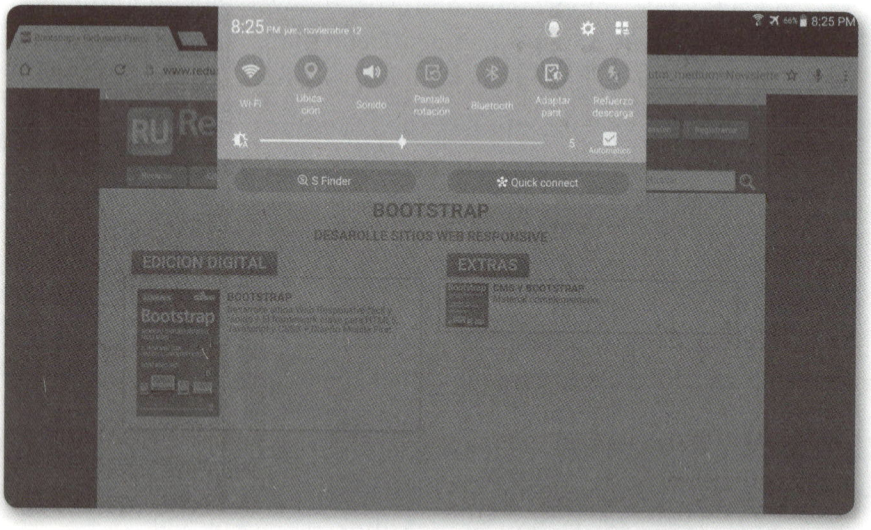

Figura 3. Al tener dos aplicaciones abiertas podemos observar el efecto **material design**.

OTA

Over the air (OTA) o, en español, **por el aire**, es una forma de actualizar un sistema operativo o cambiarlo a través de una conexión de red o Wi-Fi. Este cambio se realiza casi sin la intervención del usuario y de manera muy simple. El sistema o actualización es puesto por el fabricante en un servidor y así el usuario puede proceder a la descarga, luego de que el software haya verificado que puede acceder a ella comparando la versión actual (que siempre debe ser inferior) y la que va a instalar.

APLICACIONES NATIVAS E HÍBRIDAS

Para comenzar a hablar sobre el desarrollo de aplicaciones para el sistema operativo Android, lo primero que tenemos que saber es qué son las aplicaciones nativas e híbridas y qué diferencias existen entre ellas. Las **aplicaciones nativas** son las que fueron desarrolladas para un sistema operativo determinado utilizando el lenguaje de programación propio de ese sistema operativo con el kit de desarrollo (**SDK**) de la plataforma. Por ejemplo, si quisiéramos desarrollar una aplicación para **iOS**, tendríamos que utilizar el lenguaje de programación **Objective C** o el nuevo lenguaje de Apple, **Swift**, y tendríamos que disponer de un equipo de Apple, como una Macbook Pro o similar, ya que estos lenguajes de programación no funcionan en otra plataforma. Lo mismo ocurriría si quisiéramos programar para un dispositivo con **Windows Phone**: necesitaríamos **Visual Studio**, de Microsoft, y una computadora con **Windows 8** o posterior. En otras palabras, tendríamos que realizar una aplicación para cada sistema y también contemplar cada dispositivo, ya que no todos cuentan con la misma resolución y, algunas veces, las aplicaciones nativas desarrolladas en una plataforma no se pueden implementar en otra.

Pese a esto, como ventaja podemos mencionar que una aplicación nativa tiene un mejor rendimiento, ya que accede directamente a los recursos nativos del sistema operativo. Este rendimiento se hace notorio en aplicaciones de juegos, que rinden más al lado de las aplicaciones desarrolladas en HTML5, JavaScript y CSS3.

ECLIPSE

Es un entorno de desarrollo creado por IBM, actualmente desarrollado por la fundación Eclipse, sin fines de lucro, que nos permite crear entornos de desarrollo (IDE) para cualquier lenguaje de programación. De esta forma, podemos elaborar nuestras propias extensiones (plugins), o bien utilizar las que ya han sido realizadas por otros programadores. Antes de la salida de Android Studio se podían desarrollar aplicaciones utilizando este framework.

Las **aplicaciones híbridas**, en cambio, son aquellas que no fueron desarrolladas por el lenguaje propio del sistema. Por lo tanto, les permiten a los desarrolladores programar una misma aplicación para todas las plataformas, utilizando HTML5, JavaScript y CSS3, y generalmente algún framework. En aspecto, son idénticas a las aplicaciones nativas y se pueden instalar también, como estas, desde la tienda de aplicaciones correspondiente a cada sistema operativo. Por eso, desde el punto de vista del usuario, podemos decir que no hay ninguna diferencia entre una aplicación nativa y una híbrida. Pero, para los desarrolladores, ¿qué sería mejor utilizar entonces: nativa o híbrida? Todo dependerá siempre de la aplicación que queramos desarrollar, del tiempo y de los costos. Es mucho más rápido y menos costoso desarrollar aplicaciones híbridas, siempre y cuando no estemos hablando de videojuegos (en especial, aquellos que utilizan muchos gráficos). En general, las aplicaciones híbridas funcionan muy bien en todos los sistemas operativos y es mucho más fácil encontrar a un desarrollador de HTML5, JavaScript y CSS3 que se adapte a cada plataforma sin que conozca cada lenguaje de programación específico que hallar a una persona para cada lenguaje de cada sistema operativo.

Sin mencionar que, además, esto último sería más costoso. Sin embargo, la elección siempre dependerá del resultado final del producto, de los costos y del tiempo de desarrollo que le asignemos a nuestra aplicación. En este sentido, recomendamos la lectura del libro **jQuery Mobile**, de esta misma editorial, en donde explicamos en detalle cómo desarrollar aplicaciones híbridas utilizando el framework de jQuery Mobile conjuntamente con Adobe PhoneGap. En esta obra, en tanto, explicaremos cómo desarrollar aplicaciones nativas utilizando **Android Studio** para el sistema operativo Android.

FRAMEWORK

Un **framework** (marco de trabajo, en español) es un entorno para el desarrollo de aplicaciones, que nos ayuda a resolver en forma rápida y eficaz un determinado problema. Permite utilizar un conjunto de librerías y módulos, reutilizar código que es de uso común y, de esta forma, que el desarrollador se enfoque en resolver solo el problema. Entre los frameworks más conocidos, se encuentran **Django**, utilizado para el desarrollo web, y **jQuery**, para el desarrollo de JavaScript, entre otros.

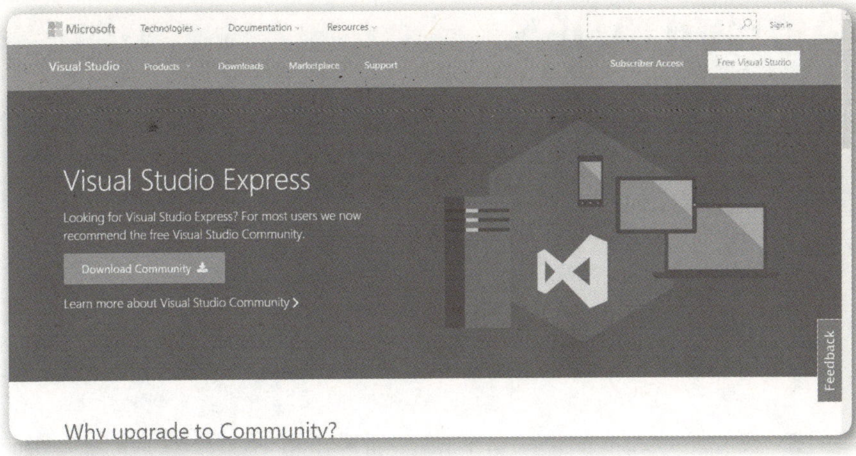

Figura 4. Sitio web de Microsoft con toda la información para comenzar a desarrollar para Windows Phone utilizando **Visual Studio Express**.

ANDROID STUDIO

Es el entorno de desarrollo integrado diseñado por Google para el desarrollo de aplicaciones Android, que llegó para reemplazar al plugin ADT (Android Developer Tools) para Eclipse Android Studio es un software libre y multiplataforma, con versiones disponibles para los sistemas operativos Windows, Linux y Mac. Android Studio posee todas las herramientas que nos permiten diseñar —ya sea en modo gráfico o en modo texto—, compilar y empaquetar nuestras aplicaciones Android. Entre sus ventajas, ofrece la posibilidad de previsualizar en diferentes resoluciones y versiones de Android a medida que las vamos diseñando.

RESUMEN

En este capítulo hemos aprendido, en primer lugar, qué es un sistema operativo. Analizamos, a continuación, cómo están compuestos internamente los sistemas operativos para dispositivos móviles. Luego conocimos qué es Android y realizamos una breve descripción de cómo fue evolucionando desde su fecha de lanzamiento en julio de 2005 hasta la actualidad. Explicamos qué diferencia a las aplicaciones nativas de las híbridas y, para finalizar, conocimos el software que nos va a permitir desarrollar aplicaciones para Android.

ACTIVIDADES

TEST DE AUTOEVALUACIÓN

1 ¿Qué es Android?

2 ¿Qué diferencia hay entre las aplicaciones nativas y las híbridas?

3 ¿Qué es Android Studio?

4 ¿Qué es un **SDK**?

5 ¿A qué se refiere el concepto de **material design**?

EJERCICIOS PRÁCTICOS

1 Entre al sitio oficial de Android (**www.android.com**) y diríjase al apartado **Discover/Android Story**.

2 Para aprender un poco más sobre la máquina virtual ART, busque información en el sitio oficial de Android.

3 Conozca las nuevas características de Android Marshmallow a través del siguiente sitio: **www.android.com/history/#/marshmallow**

4 Para conocer más sobre las API de Android, ingrese a **https://developer.android.com/develop/index.html** y luego seleccione **Develop/API Guides**.

5 Para conocer más sobre Android, lea el apartado **Device Compatibility** (**https://developer.android.com/guide/practices/compatibility.html**)

PROFESOR EN LÍNEA

Si tiene alguna consulta técnica relacionada con el contenido, puede contactarse con nuestros expertos: profesor@redusers.com

02 INSTALACIÓN

En este capítulo explicaremos cómo instalar el entorno de desarrollo Android Studio. Veremos cuáles son los requisitos mínimos para su instalación y su configuración bajo el entorno Windows. Luego realizaremos una descripción de la interfaz de desarrollo de Android Studio, crearemos un proyecto y conoceremos cuáles son las carpetas y los archivos que lo componen. Finalmente, veremos cómo ejecutar una aplicación.

INSTALACIÓN DE ANDROID STUDIO EN WINDOWS

En este libro, nos detendremos en la programación de Android Studio sobre el sistema operativo de Microsoft (Windows), pero este entorno también está disponible para las plataformas Linux y Mac OS X.

Los requisitos de software y hardware para instalar la última versión de Android Studio en Windows son tener Windows Vista, 7, 8 o 10 en 32 o 64 bits. En cuanto a la memoria RAM, se requieren 2 GB como mínimo, aunque 8 GB es lo más recomendable, según su página web oficial. Además, se precisan, como mínimo, 2 GB de espacio disponible en disco (se recomienda 4 GB), una resolución de pantalla de, por lo menos, 1280 px por 800 px y tener instalado **Java Development Kit** (JDK) en su versión 8 o posterior. Y, por último, para el emulador, los únicos requisitos son un sistema operativo de 64 bit y un procesador Intel que soporte **Intel® EM64T** (Intel® 64).

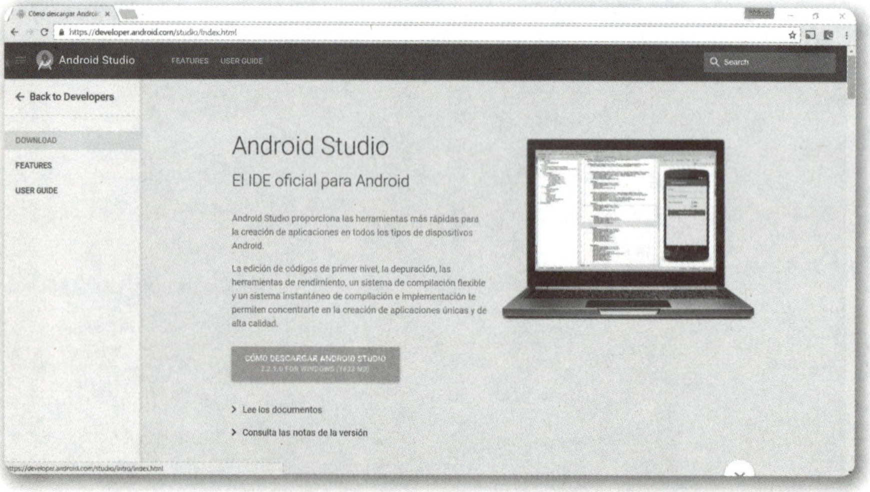

Figura 1. Sitio web de Android para desarrolladores, desde donde descargamos Android Studio: **https://developer.android.com/studio/index.html**

Si contamos con los requisitos mencionados anteriormente para la instalación de Android Studio, debemos proceder a instalar primero el Java Development Kit (JDK), un programa (software) necesario para la creación de aplicaciones en el lenguaje de programación Java. Este software presenta herramientas de desarrollo que serán necesarias para poder ejecutar el emulador de Android y algunas otras herramientas que posee el entorno de desarrollo. Hasta la edición de este libro, la última versión de JDK disponible es la **8**, que podemos descargar desde la página web oficial de **Oracle**. Si instalamos la versión 2 o posterior del Android Studio, en el instalador de la misma ya viene incluido el JDK de Java, por lo que no es necesario realizar la instalación que mencionamos a continuación.

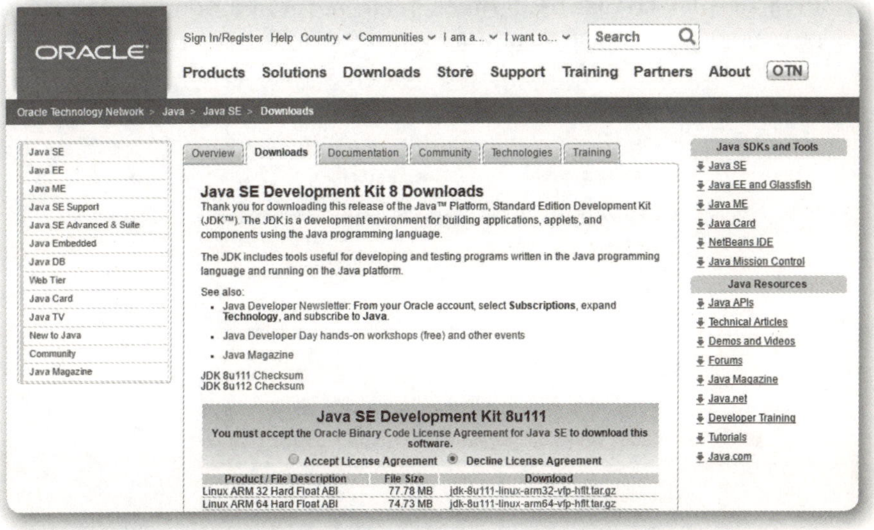

Figura 2. Sitio web de Oracle, desde donde podemos descargar el Java Development Kit: **www.oracle.com**

Una vez que instalamos el Java Development Kit, tenemos que crear una variable de entorno dentro de nuestro sistema operativo. Una **variable de entorno** es un valor cargado en memoria que puede ser utilizado por algún proceso, por ejemplo, para hacer uso de alguna librería o archivo. Es por eso que al definir nuestra variable de entorno le estamos indicando al sistema operativo la ubicación de instalación del Java Development Kit, para que Android Studio pueda hacer uso de este.

Para crear una variable de entorno en nuestro sistema operativo (Windows 10, en nuestro caso, pero es válido para cualquier versión de las que soporta Android Studio), debemos ir al menú **Inicio**, luego seleccionar **Explorador de archivos**. En la ventana que se abre hacemos clic con el botón derecho del mouse en **Este equipo**. En el menú contextual seleccionamos **Propiedades**. En la parte izquierda de la ventana **Sistema**, hacemos clic en **Configuración avanzada del sistema**. Una vez allí, presionamos el botón **Variables de entorno...**. En el cuadro de diálogo que se abre, en la sección **Variables del sistema** verificamos que no esté creada la variable **JAVA_HOME**; de ser así, hacemos clic en el botón **Nueva...** y en la ventana que se nos abre (**Nueva variable del sistema**) escribimos el nombre y abajo su valor. En nuestro caso: Nombre **JAVA_HOME** y valor de la variable **C:\Program Files\Java\jdk1.8.0_74**, es decir, la ruta en donde está instalado el Java Development Kit.

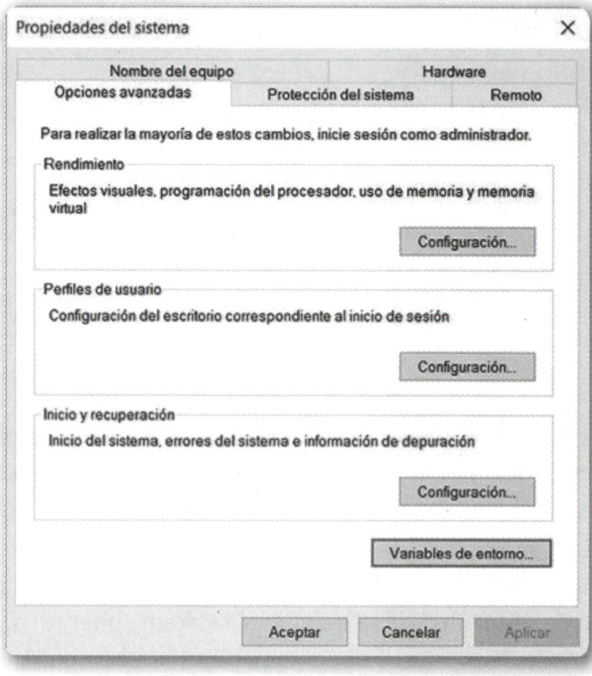

Figura 3. En **Propiedades del sistema** podemos crear, eliminar o modificar variables de entorno.

Una vez que realizamos todos los pasos para instalar Java Development Kit y creamos la variable de entorno **JAVA_HOME**, tenemos todo listo para instalar Android Studio. Para su descarga, debemos ir a la página web oficial para desarrolladores Android (**https://developer.android.com/sdk/index.html**) y hacer clic en **DOWNLOAD ANDROID**

STUDIO FOR WINDOWS. Lo que nos vamos a descargar dentro del paquete de instalación es un conjunto de componentes que incluyen librerías, paquetes y emuladores que nos permitirán desarrollar nuestras aplicaciones, como por ejemplo:

- Android Studio IDE
- Android SDK tools
- Android 6.0 (Marshmallow)
- Android 6.0 emulator system image with Google APIs.
- Android 7.0 (Nougat)

Una vez que descargamos el instalador, procedemos a instalarlo siguiendo los pasos de instalación del asistente.

Figura 4. Instalar Android Studio es sencillo ya que cuenta con un asistente de instalación.

SDK (SOFTWARE DEVELOPMENT KIT)

SDK (en español, '**kit de desarrollo de software**') es un conjunto de herramientas que nos sirve para crear aplicaciones de manera simple para un sistema o plataforma en particular. La mayoría de los SDK son gratuitos y se distribuyen libremente por la Web. Un ejemplo para dispositivos móviles es el SDK para Windows Phone 8.0.

COMENZAR CON ANDROID STUDIO

Al ejecutar por primera vez Android Studio, debemos verificar que tengamos configurado el SDK de Android de acuerdo con lo que vamos a necesitar o de acuerdo con el tipo de aplicación que vamos a desarrollar. Para esto, antes de crear un proyecto nuevo, al ejecutar la aplicación, se nos abrirá una ventana de bienvenida con distintas opciones para comenzar a trabajar. Por un lado, en la parte izquierda, los proyectos recientemente realizados (**Recent Projects**) y, en la parte derecha (**Quick Start**) distintas opciones para comenzar:

- **Start a new Android Studio project**: comenzar un nuevo proyecto.
- **Open an existing Android Studio project**: abrir un proyecto existente.
- **Check out Project from Version Control**: controlar la versión existente del proyecto (Git-Hub, Git, Google cloud, etcétera).
- **Import an Android code sample**: importar código de ejemplo.
- **Import Project (Eclipse ADT, Gradle, etc.)**: importar un proyecto realizado en Eclipse o Gradle.
- **Configure**: configurar.
- **Docs and How-Tos**: documentos de ayuda, tips del día, etcétera.

La opción que nos interesa abrir, para configurar el SDK y que esté listo para comenzar a trabajar, es la de configuración (**Configure**). Eso lo podemos hacer cada vez que creamos un proyecto nuevo, o bien podemos dejar marcada esta opción para todos los proyectos que vamos a llevar adelante. Eso dependerá mucho de cada proyecto en particular.

Al presionar la opción **Configure**, nos vamos a encontrar con un menú con varias opciones, entre la que debemos elegir: la opción **SDK Manager**, que es la que abriremos para configurar el SDK de Android. Al hacer clic se nos abre una nueva ventana con los distintos paquetes de herramientas que tenemos disponibles para agregar al SDK, algunos ya agregados al momento de instalar el Android Studio. Entre todos los paquetes disponibles podemos elegir instalar el paquete correspondiente a la versión de Android con la cual vamos a trabajar, desde la 2.2 a la 7.

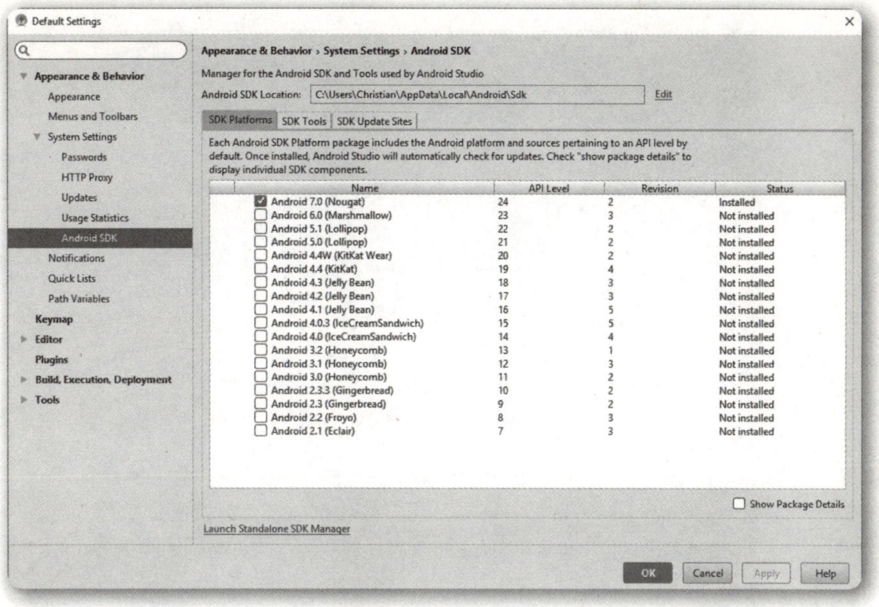

Figura 5. Desde la configuración del SDK de Android Studio podemos elegir qué paquete y herramientas vamos a necesitar para nuestro proyecto.

También, si vamos a trabajar con procesadores **Intel**, podemos descargarnos el **Emulator Accelerator**, haciendo clic en la última opción de la lista (**Intel x86 Emulator Accelerator (HAXM installer)**).

Una vez que tenemos seleccionadas todas las opciones que vamos a descargar, hacemos clic en el botón **Install packages...** ('instalar los paquetes'). Se nos va a abrir una nueva ventana con los paquetes seleccionados y, antes de comenzar la descarga, debemos aceptar los términos de la licencia y presionar el botón **Install** (instalar). Este proceso demorará varios minutos, de acuerdo con la cantidad seleccionada de paquetes y la conexión que tengamos de Internet.

INTELLIJ IDEA

Es un entorno de desarrollo (IDE), para programar en el lenguaje Java. Fue creado por Jet Brains, y la primera versión salió a comienzos del año 2001. A fines de 2014 Google anunció el lanzamiento de Android Studio basado en este entorno de desarrollo, que utiliza para compilar sus aplicaciones el compilador **Gradle**. Su sitio web oficial es **www.jetbrains.com/idea**

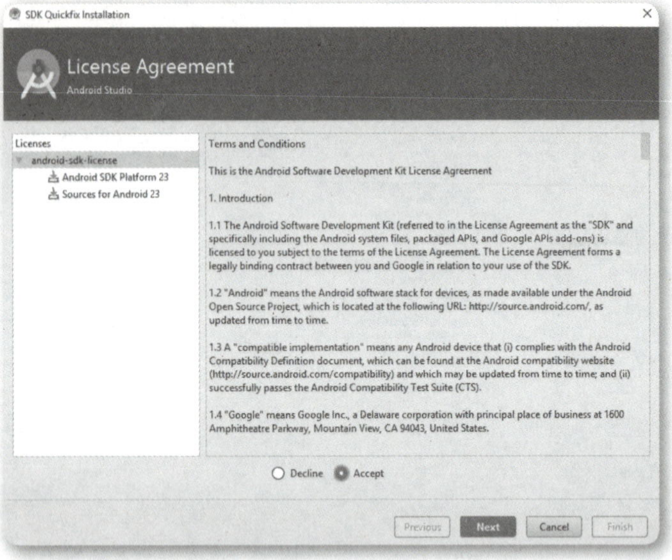

Figura 6. Antes de comenzar la descarga e instalar los paquetes y herramientas seleccionados, debemos aceptar los términos de la licencia.

Crear un proyecto

Para comenzar a trabajar debemos primero crear un proyecto nuevo. Esto lo podemos hacer desde la ventana principal de bienvenida, que ya vimos, haciendo clic en el botón **Start a new Android Studio project**.

Al hacer clic, se nos va a abrir una ventana nueva para configurar el nuevo proyecto e ingresar nuestros datos.

Lo primero que el sistema nos pide es el nombre de la aplicación (**Application name**). En segundo lugar, nos solicita el nombre o dominio de nuestra compañía o empresa (**Company Domain**); hay que tener en cuenta que siempre debe terminar con **.com**, y al comienzo puede llevar el nombre de nuestra empresa. Por ejemplo, si estuviéramos creando un proyecto que se llama **miPrimerProyecto** y mi empresa se llama **Android**, entonces podríamos poner en **Company Domain**: **Android.miPrimerProyecto.com**

El nombre del paquete (**Package name**) podemos dejarlo como está, ya que el sistema automáticamente coloca un nombre por defecto (al hacer clic en el botón **Edit** podríamos también cambiarlo). Por último, el sistema nos va a solicitar la ubicación del proyecto (**Project location**), es decir, en dónde se va a alojar el proyecto (en qué directorio) dentro del disco rígido de nuestra computadora. Una vez que completamos estos datos, pulsamos el botón de siguiente (**Next**).

En la siguiente pantalla, tenemos que elegir el tipo de plataforma para la cual vamos a crear la aplicación. Puede ser para teléfono inteligente o tablet (**Phone and Tablet**), para reloj (**Wear**), para televisión, para Android Auto o bien para anteojos (**Google Glass**). Si optamos por alguna de las opciones anteriores, debemos también seleccionar la versión del sistema operativo por la cual va a correr la aplicación. Podemos elegir desde Android 1.0 hasta la última versión del sistema operativo. Ante la duda, si hacemos clic en el botón **Help me choose** ('ayúdame a elegir'), el sistema nos va a mostrar en un cuadro de colores el porcentaje de dispositivos que utilizan esa versión hasta la fecha, como así también las características de las versiones y un enlace a la página web de Android para cada una.

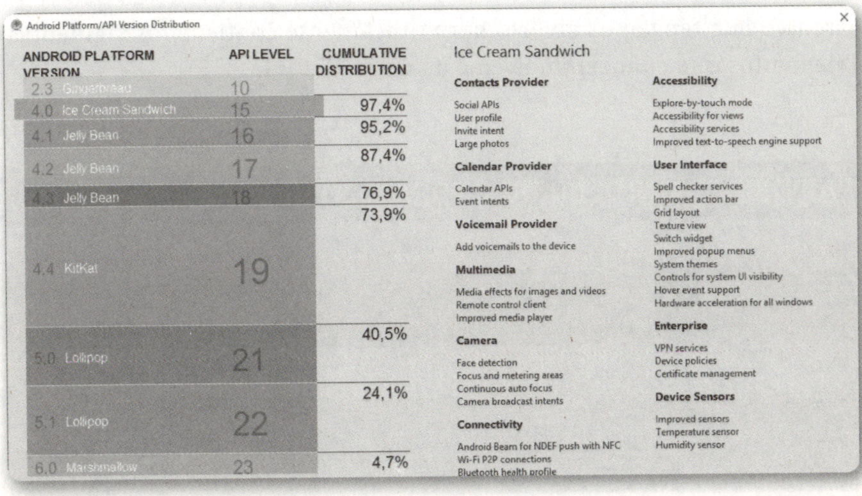

Figura 7. Android Studio nos da la posibilidad de saber en detalle qué características tienen las distintas versiones del sistema operativo.

NOMBRE DE LA APLICACIÓN

Si bien podemos escribir todos los caracteres del nombre de la aplicación en minúscula, por convención es recomendable que empleemos el **formato oración**, es decir, que la primera letra del nombre esté en mayúscula y luego el resto de los caracteres en minúscula.

Al hacer clic en **Next**, la siguiente pantalla nos muestra una serie de **plantillas** listas para ser utilizadas en nuestro proyecto; de esta manera nos ahorramos tiempo de programación. Haciendo clic, una vez más, en **Next** accedemos a una última ventana en donde vamos a cargar los datos de la pantalla o ventana principal de nuestra aplicación: el nombre de esta pantalla (**Activity Name**), el nombre del módulo de diseño (**Layout Name**) y el título que va a tener (**Title**). En el próximo capítulo veremos en profundidad qué son las actividades (**Activities**).

La interfaz

Al generar el proyecto, una vez que lo configuramos, se nos abrirá la **interfaz de desarrollo** de Android Studio. Esta ventana nos servirá para desarrollar, probar y modificar nuestras aplicaciones.

Los elementos de esta ventana pueden variar dependiendo del archivo que tengamos abierto pero típicamente contiene los siguientes elementos que conoceremos en esta **Guía Visual**.

INTERFAZ DE DESARROLLO DE ANDROID STUDIO

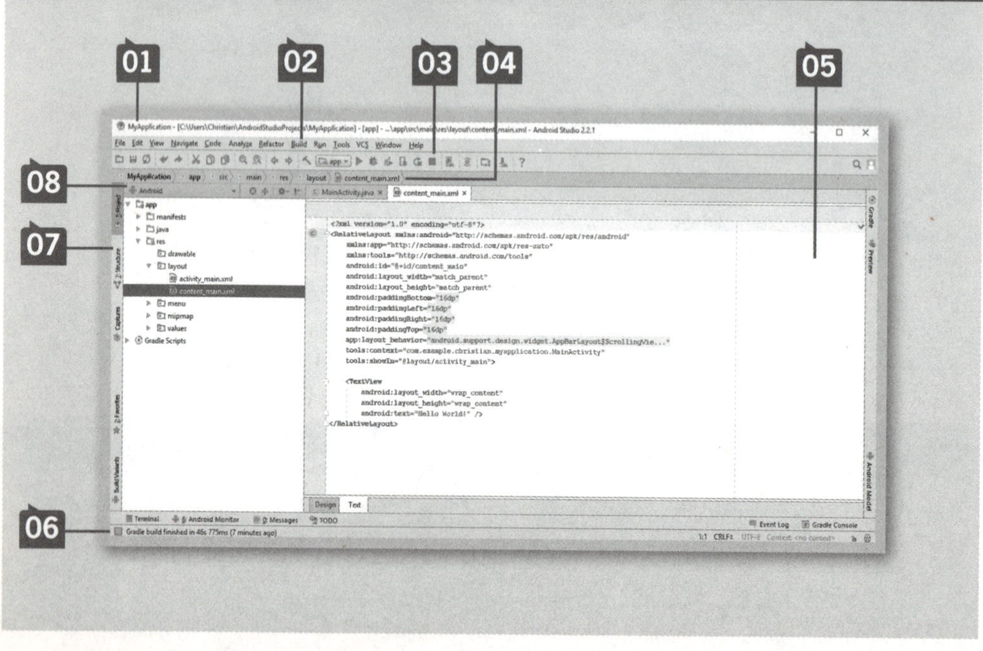

▶

01 **BARRA DE TÍTULO:** contiene el nombre del proyecto y la dirección donde se encuentra el proyecto almacenado.

02 **BARRA DE MENÚ:** contiene los menús **File**, **Edit**, **View**, **Navigate**, **Code**, **Analyze**, **Redactor**, **Build**, **Run**, **Tools**, **VCS**, **Window**, **Help**, mediante los cuales podremos realizar diferentes tareas dentro de este entorno.

03 **BARRA DE HERRAMIENTAS:** esta barra contiene los botones con los comandos más comúnmente usados, como abrir, guardar, copiar, etcétera.

04 **BARRA DE NAVEGACIÓN:** contiene una serie de botones que nos permitirá desplazarnos por los diferentes archivos y carpetas que componen nuestro proyecto.

05 **VENTANA DEL EDITOR:** presenta una serie de fichas (tabs) con los archivos que contiene el proyecto. Al hacer clic sobre una de estas fichas visualizamos el contenido del archivo. Lo que veremos dependerá del modo en el que estemos trabajando.

06 **BARRA DE ESTADO:** indica el estado del proyecto y nos muestra mensajes de advertencia e información. En el sector izquierdo hay un botón que despliega un menú con las distintas ventanas de herramientas.

07 **BOTONES DE HERRAMIENTAS:** nos permiten mostrar u ocultar diferentes ventanas de herramientas. Estos botones se ubican en los laterales y en la parte inferior de la ventana.

08 **VENTANA DE HERRAMIENTAS:** el contenido de esta ventana varía según la ventana de herramienta que se visualiza. Por ejemplo, la ventana **Project** nos muestra la estructura jerárquica de archivos que componen nuestra aplicación.

Los modos Design y Text

Dentro del entorno de desarrollo, en la parte principal, en el sector inferior izquierdo, podemos observar dos pestañas con los nombres **Design** (diseño) y **Text** (texto). Ambas pestañas nos permiten trabajar sobre la pantalla que estamos diseñando de dos maneras: **visual** o a través de **nodos XML**.

Modo Design

Cuando trabajamos en este modo, veremos que en el sector izquierdo de esta pantalla se encuentra la ventana **Palette**, la cual contiene todos los componentes

EN COMPONENT TREE PODEMOS VER LOS COMPONENTES DE LA APP ORDENADOS JERÁRQUICAMENTE

—agrupados por categorías— que nos ofrece Android Studio para crear una aplicación.

Debajo de esta ventana se encuentra la ventana **Component Tree** (árbol de componentes), que nos proporciona una vista jerárquica de los diversos componentes de nuestra aplicación.

En el centro, visualizamos la pantalla de un dispositivo, que representa la interfaz de usuario. Sobre la pantalla del dispositivo iremos colocando los diferentes componentes de la aplicación.

A la derecha de la pantalla, encontramos la ventana **Properties** (propiedades). Desde aquí podremos ver y cambiar las diferentes propiedades del componente que hemos seleccionado.

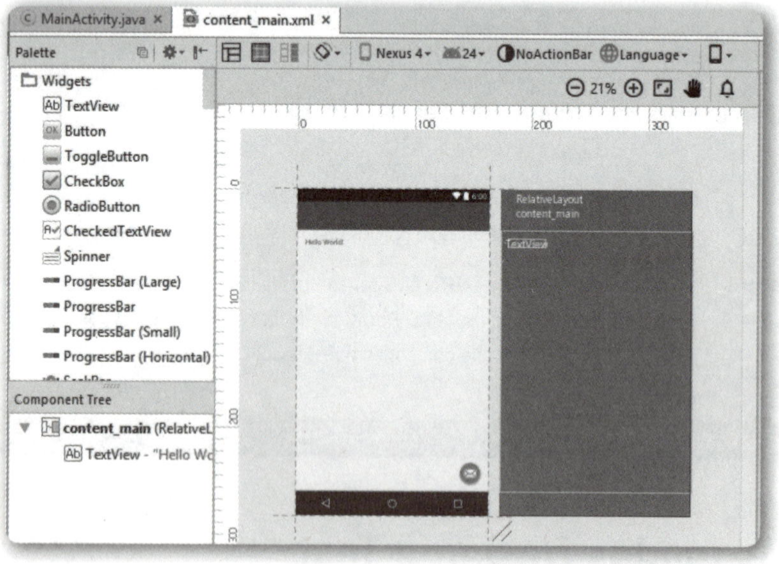

Figura 8. Podemos arrastrar y soltar los componentes dentro del dispositivo utilizando la pestaña **Design**.

Por ejemplo, si queremos agregar un botón dentro de nuestra aplicación, buscamos dentro de la ventana **Palette** el componente **Button** (botón), que está situado dentro de la carpeta **Widgets**, lo arrastramos hasta el teléfono y lo soltamos allí. En la ventana **Properties** (propiedades) buscamos la propiedad **Text** y ahí le cambiamos el texto, que por defecto es **New Button**.

Modo Text

En cambio, si optamos por utilizar la pestaña **Text**, cambiamos la vista de diseño (**Design**) por la **vista de código** (**Text**).

En ella, accedemos a visualizar el código XML de la pantalla que estamos diseñando; por ejemplo, si agregamos un botón a la pantalla, como en el ejemplo anterior, tendríamos que escribir el siguiente código:

```
<RelativeLayout xmlns:android="http://schemas.android.com/
apk/res/android"
      xmlns:tools="http://schemas.android.com/tools"
android:layout_width="match_parent"
      android:layout_height="match_parent"
android:paddingLeft="@dimen/activity_horizontal_margin"
      android:paddingRight="@dimen/activity_horizontal_margin"
      android:paddingTop="@dimen/activity_vertical_margin"
      android:paddingBottom="@dimen/activity_vertical_margin"
tools:context=".MainActivity">

      <TextView android:text="@string/hello_world"
android:layout_width="wrap_content"
          android:layout_height="wrap_content"
          android:id="@+id/textView" />

      <Button
      android:layout_width="wrap_content"
      android:layout_height="wrap_content"
      android:text="Mi botón"
      android:id="@+id/button"
      android:layout_marginTop="184dp"
      android:width="250dp"
      android:height="80dp"
      android:layout_alignParentTop="true"
      android:layout_centerHorizontal="true"
      android:fontFamily="arial"
      android:textSize="@dimen/abc_dropdownitem_icon_width" />

  </RelativeLayout>
```

Como vemos en el código anterior, con la etiqueta **Button** configuramos nuestro botón, cambiando su ID, tamaño y texto, entre otras cosas.

En el modo **Text**, en el sector derecho de la pantalla, contamos también con una vista previa de la aplicación. Si bien en ella no podremos arrastrar elementos, sí podremos seleccionarlos.

Directorios de un proyecto Android

En la ventana **Project** ubicada en el sector izquierdo del entorno de desarrollo, podemos visualizar toda la estructura de directorios que posee un proyecto realizado en Android Studio. Estas carpetas y archivos se crean automáticamente al realizar una aplicación nueva, sin necesidad de la intervención del usuario.

Entre las carpetas y archivos, encontramos las carpetas **app**, **build**, **.gradle** y **.idea**, que son las más importantes dentro de nuestro proyecto.

La carpeta **app** contendrá todos los archivos necesarios para empaquetar la aplicación y, si la desplegamos, en su interior vamos a encontrar las carpetas **build**, **libs** y **src**.

En la carpeta **src** (código o, en inglés, *source*) se almacena el código fuente de nuestra aplicación. Dentro de la carpeta **src**, al desplegarla, encontramos las carpetas **androidTest** y **main**.

En la carpeta **main** se guardan los archivos de programación. Esta carpeta posee las subcarpetas **java** y **res**. En el directorio **java** se guardan todos los archivos de código fuente, y dentro de la carpeta **res** (recursos o, en inglés, *resources*) se almacenan todos los recursos del proyecto (imágenes, iconos, sonidos, entre otros). También dentro de la carpeta **main** encontramos un archivo **XML** llamado **AndroidManifest.xml**.

XML

XML (eXtensible Markup Language) es un formato flexible que permite la gestión y el intercambio de datos estructurados mediante simples archivos de texto. Al igual que HTML, es un lenguaje compuesto por etiquetas (nodos), pero con la diferencia de que en XML somos nosotros quienes definimos las etiquetas y sus atributos. Cada nodo es el equivalente al nombre de campo de una tabla.

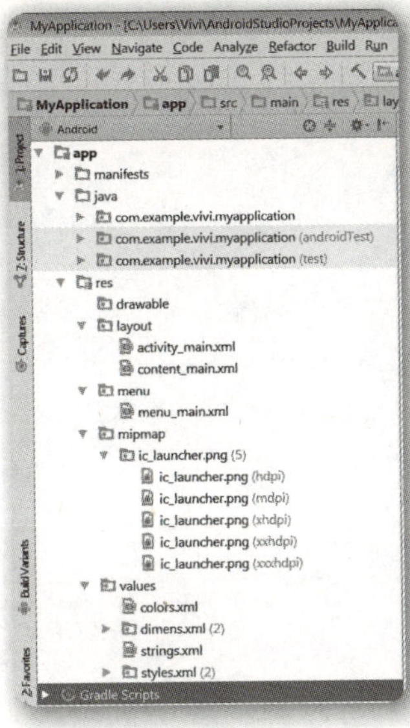

Figura 9. En la ventana **Project** podemos ver los directorios de nuestro proyecto.

AndroidManifest

El archivo **AndroidManifest.xml** es uno de los archivos más importantes de nuestro proyecto, ya que en su interior contiene toda la descripción de la aplicación que estamos desarrollando.

Cuando creamos un proyecto en Android Studio, este archivo se crea automáticamente. Veámoslo un poco más en detalle:

```
<?xml version="1.0" encoding="utf-8"?>
<manifest xmlns:android="http://schemas.android.com/apk/res/
android"
    package="com.example.luish.myapplication" >

    <application
        android:allowBackup="true"
        android:icon="@mipmap/ic_launcher"
        android:label="@string/app_name"
        android:theme="@style/AppTheme" >
        <activity
```

```
                android:name=".MainActivity"
                android:label="@string/app_name" >
                <intent-filter>
                    <action android:name="android.intent.action.
MAIN" />

                    <category android:name="android.intent.cat-
egory.LAUNCHER" />
                </intent-filter>
            </activity>
        </application>

  </manifest>
```

Observemos ahora algunos de sus elementos más importantes:

- **Package** es el nombre del paquete Java de nuestra aplicación. Debe ser único, ya que su nombre (o identificador) va a ser la referencia de nuestra aplicación en la tienda de Google (**Google Play**).
- **Application** es el nodo que hace referencia a la configuración general de nuestra aplicación. Dentro de este nodo encontramos otros nodos con librerías, componentes, ícono de la aplicación, entre otros.
- **AllowBackup** está dentro del nodo **application** y, como su nombre lo indica, nos permite hacer o no hacer copia de seguridad de acuerdo con el valor que le asignemos —verdadero o falso (*true* o *false*)—. Nuestra aplicación, junto con sus datos, pueden ser guardados en el dispositivo para ser restaurados si es que optamos por asignarles el valor **true**; de esta forma el usuario siempre puede contar con nuestra aplicación disponible.
- **Icon** también está dentro del nodo **application** y nos indica la ruta donde se encuentra el ícono de nuestra aplicación. En este nodo, el valor a ingresar es la ruta y el nombre de dicho archivo.
- **Label**, dentro del nodo **aplication**, recibe por valor el nombre de nuestra aplicación, que va a ver el usuario en su dispositivo.
- **Theme** recibe por valor la ruta del estilo que utilizará nuestra aplicación, también pertenece al nodo **aplication**.

- **Activity**, este nodo está compuesto por otros dos nodos o atributos en su interior: **name** y **label**. **Name** hace referencia a la clase Java de la actividad y **label** hace referencia al nombre que verá el usuario en dicha actividad.

Estos son los nodos más importantes dentro del archivo **manifest.xml**; estos mismos pueden ser editados por nosotros, aunque no es conveniente (en especial si no tenemos experiencia como desarrolladores Android), ya que Android Studio se encarga de hacerlo por nosotros al crear el proyecto.

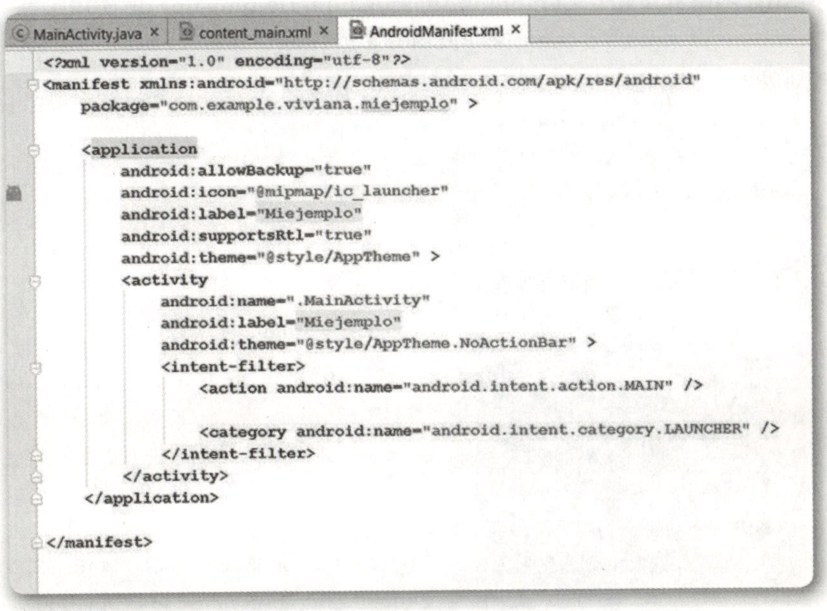


```
<?xml version="1.0" encoding="utf-8"?>
<manifest xmlns:android="http://schemas.android.com/apk/res/android"
    package="com.example.viviana.miejemplo" >

    <application
        android:allowBackup="true"
        android:icon="@mipmap/ic_launcher"
        android:label="Miejemplo"
        android:supportsRtl="true"
        android:theme="@style/AppTheme" >
        <activity
            android:name=".MainActivity"
            android:label="Miejemplo"
            android:theme="@style/AppTheme.NoActionBar" >
            <intent-filter>
                <action android:name="android.intent.action.MAIN" />

                <category android:name="android.intent.category.LAUNCHER" />
            </intent-filter>
        </activity>
    </application>

</manifest>
```

Figura 10. El archivo **`manifest.xml`** está compuesto por nodos con la configuración de nuestra aplicación.

GOOGLE PLAY

Google Play es la tienda de aplicaciones, para usuarios de Android, a la cual accedemos desde el dispositivo móvil. En ella podemos descargar diferentes aplicaciones, ya sea pagas o gratuitas, como juegos, música o revistas. Google Play fue creada por Google Inc. en marzo de 2012, como resultado de la integración entre las plataformas Google Music, Google eBookStore, Google Movies y Android Market.

Crear un "Hola mundo"

Para crear el tradicional "Hola mundo" en nuestra primera aplicación, lo que tenemos que hacer es agregar a la pantalla un componente situado dentro de la carpeta **Widgets**, llamado **Plain TextView**.
Todo componente tiene propiedades y, para modificar esas propiedades, debemos ir a la ventana **Properties**, donde podemos editar las propiedades que tiene predeterminadas el componente.
Por ejemplo, le cambiamos el texto editando la propiedad **text**, y al valor actual (**New Text**) lo borramos y reemplazamos por "¡Hola mundo!"

También podemos cambiar su tamaño, modificando la propiedad **textSize.** Para nuestro ejemplo, podemos ponerle un valor de **30dp**.
Y también le vamos a cambiar el color a la fuente, con la propiedad **textColor**, agregándole el valor **#43abff**.

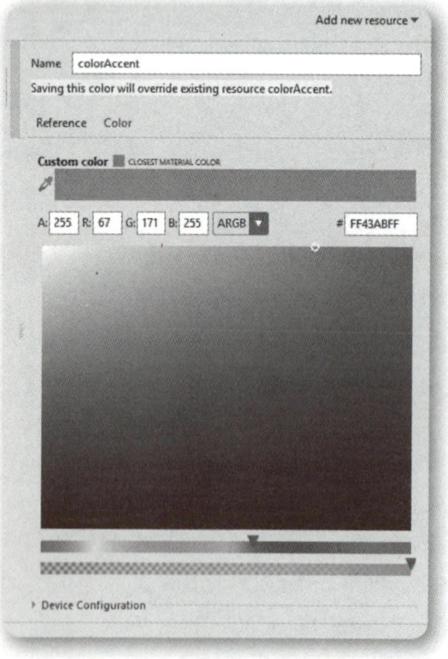

Figura 11. Si hacemos clic en el botón situado a la derecha de la propiedad **textColor/Color**, accedemos a la paleta de colores.

PROPIEDADES DE UN OBJETO

Las propiedades son un conjunto de características propias del objeto que hacen que se distinga de otro objeto, tales como su tamaño, color o localización en pantalla. Así, por ejemplo, si una persona fuera un objeto de Android Studio, sus propiedades serían su altura, su peso y su color de cabello. El uso de diferentes propiedades nos va a permitir ver o cambiar las características del objeto.

Si vamos a la pestaña **Text** podemos observar el código generado por el componente que acabamos de agregar:

```
<TextView
        android:layout_width="wrap_content"
        android:layout_height="wrap_content"
        android:text="Hola mundo!!!"
        android:id="@+id/textView"
        android:layout_alignParentTop="true"
        android:layout_centerHorizontal="true"
        android:layout_marginTop="71dp"
        android:textSize="30dp"
        android:textColor="#43abff" />
```

La máquina virtual de Android Studio

Para ejecutar la aplicación que acabamos de realizar, podemos presionar las teclas **Mayúscula + F10**, o bien hacer clic en el botón verde (**Run app**) situado en la barra de herramientas de nuestro entorno de desarrollo.

Antes de ejecutar la aplicación debemos tener instalada en nuestro entorno una máquina virtual para simular que nuestra aplicación se está ejecutando en un dispositivo determinado.

Para elegir un dispositivo de los más populares, debemos ir a la barra de herramientas y buscar el icono **AVD Manager** (en inglés, *Android Virtual Device*; en español, **máquina virtual de Android**). Una vez que hacemos clic sobre este, se nos va a abrir una ventana emergente, en la cual nos van a aparecer todos los dispositivos

TECLAS RÁPIDAS

Si presionamos la combinación de teclas **CTRL+TAB**, se abrirá la ventana **Switcher**. Manteniendo la tecla **CTRL** presionada mientras presionamos la tecla **TAB** repetidamente, podemos recorrer la lista de ventanas de herramientas y archivos actualmente abiertos de nuestro proyecto.

LA MÁQUINA VIRTUAL DE ANDROID SIMULA QUE NUESTRA APP ESTÁ EJECUTÁNDOSE EN UN DISPOSITIVO

que tenemos instalados. Para agregar un nuevo dispositivo, tenemos que hacer clic en el botón **+ Create Virtual Device** ('crear máquina virtual'). En la nueva ventana emergente buscamos el dispositivo que necesitamos emular. Podemos elegir por categoría entre teléfono (phone), tablet, reloj o TV.

Al seleccionar un dispositivo podemos ver la información de este, el tamaño en pulgadas (**Size**), su resolución (**Resolution**) y la densidad (**Density**) expresada en dpi.

Una vez seleccionado el dispositivo, hacemos clic en **Next** (siguiente), donde seleccionamos el sistema operativo que va a tener instalado. Podemos cambiar el nombre y, por último, cuando ya tenemos todo configurado, hacemos clic en **Finish** (finalizar) y el dispositivo se nos agregará a la lista.

Ahora sí, con todo configurado, podemos hacer clic en el botón de la barra de herramientas **Run app**, para abrir el emulador y ejecutar nuestra aplicación. Al hacer clic sobre este botón (**Run app**) se nos abre una ventana (**Select Deployment Target**), en donde podemos elegir qué dispositivo seleccionar para ver la aplicación, o bien crear un emulador nuevo haciendo clic en el botón **Create New Emulator**. Hacemos clic en el dispositivo que seleccionamos y luego en el botón **OK**, para abrir el emulador.

Las ventajas que trae el emulador de la versión **2.0** de Android Studio, respecto al emulador de la versión 1.5, es que es mucho más rápido, permite copiar y pegar, arrastrar y soltar archivos a la memoria interior del dispositivo, como también instalar aplicaciones de esta misma forma (APK). Además, trae más opciones de controles (**Extended**

VENTANAS DE HERRAMIENTAS

Podemos visualizar también las ventanas de herramientas desde la barra de menú, haciendo clic en la opción **View** y seleccionando **Tool Windows**, o bien podemos usar la combinación de teclas **ALT + V** y luego presionar la tecla **T** y la flecha hacia la derecha.

controls), que nos permiten simular llamadas virtuales o mensajes, la carga de la batería o una ubicación a través de coordenadas.

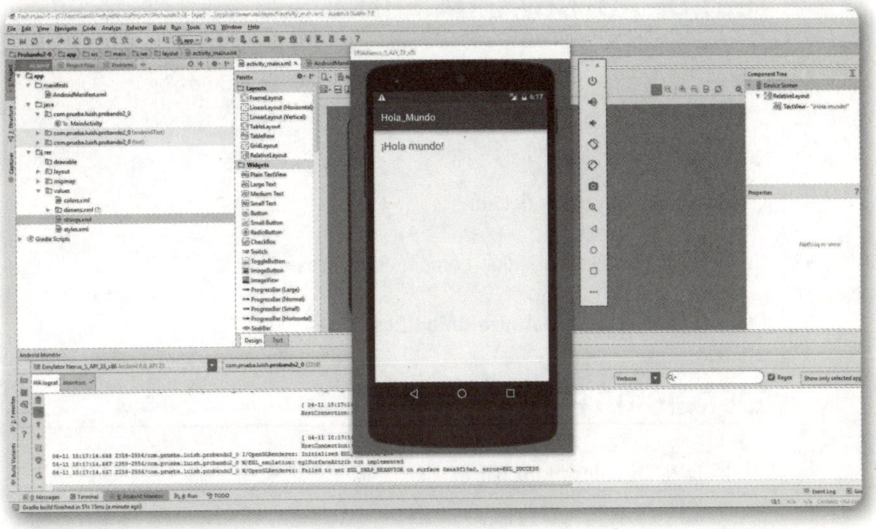

Figura 12. Desde el entorno de desarrollo de Android Studio podemos elegir el dispositivo con el cual queremos ver correr nuestra aplicación.

RESUMEN

Explicamos cómo instalar y configurar Android Studio bajo el entorno operativo Windows. Identificamos y conocimos los diferentes elementos que componen su interfaz de desarrollo. Conocimos cuáles son los archivos y carpetas que componen un proyecto en Android Studio. Posteriormente, usando el modo visual de Android Studio, creamos nuestra primera aplicación. Luego, aprendimos a ejecutarla empleando la máquina virtual de Android Studio para simular que se está ejecutando en un dispositivo.

ACTIVIDADES

TEST DE AUTOEVALUACIÓN

1 ¿Cuáles son los requisitos mínimos para instalar Android Studio?

2 ¿Qué es un SDK?

3 ¿Qué contiene la ventana del editor?

4 ¿Cuáles son los directorios que componen un proyecto?

5 ¿Qué contiene el archivo **AndroidManifiest.xml**?

EJERCICIOS PRÁCTICOS

1 Instale **Java Development Kit**.

2 Cree la variable de entorno **JAVA_HOME**.

3 Instale Android Studio.

4 Configure el SDK instalando el paquete correspondiente a la versión de Android con la que vamos a trabajar.

5 Instale el emulador **Emulator Accelerator**.

PROFESOR EN LÍNEA

Si tiene alguna consulta técnica relacionada con el contenido, puede contactarse con nuestros expertos: profesor@redusers.com

03 Actividades (activities)

En este capítulo aprenderemos qué son las actividades (activities), cómo crearlas y cuál es su ciclo de vida. Posteriormente, veremos cómo navegar por las pantallas de una aplicación a través de menús. Para esto, aprenderemos a usar el editor de navegación. Por último, conoceremos las diferentes plantillas que nos proporciona Android Studio para crear las actividades de nuestra aplicación.

CONCEPTO

Podríamos decir que una actividad (**activity**) es una pantalla de la aplicación. Generalmente, una aplicación está compuesta por varias pantallas que deberán siempre estar incluidas dentro del archivo **manifest.xml** que vimos en el **Capítulo 2**.

Asimismo, como su nombre lo indica, son actividades que el usuario puede hacer; por eso, están relacionadas directamente con pantallas. Una pantalla equivale a una o varias opciones que se pueden realizar dentro de la aplicación. Esas acciones o actividades pueden ser, por ejemplo, presionar un botón, enviar un mensaje, escribir una nota o cambiar la hora, entre otras.

El siguiente código nos muestra cómo crear una actividad en el modo **Text**, utilizando la etiqueta **activity**:

```
   <activity
              android:name=".MainActivity"
              android:label="@string/app_name" >
              <intent-filter>
                  <action android:name="android.intent.action.
MAIN" />

                  <category android:name="android.intent.cat-
egory.LAUNCHER" />
              </intent-filter>
          </activity>
```

CREAR UNA ACTIVIDAD

Para crear una actividad, dentro de nuestro proyecto, tenemos que dirigirnos al menú principal de Android Studio y seleccionar la opción **File/New** y luego **Activity**. Esta acción nos va a mostrar un submenú con un conjunto de actividades ya listas para ser utilizadas y que podemos adaptar, como veremos, a nuestro proyecto. Estas actividades son las mismas que se encuentran disponibles al crear un proyecto nuevo.

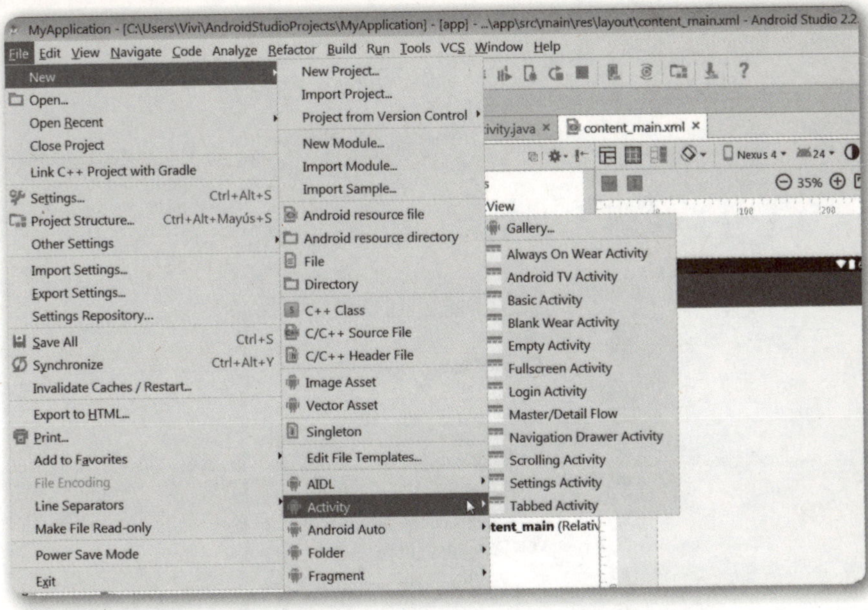

Figura 1. Desde el menú principal de Android Studio podemos agregar una actividad a nuestro proyecto.

La nueva actividad es agregada por el sistema en la carpeta **layout**, junto con la actividad anterior, que forma parte de la carpeta **res** (recursos).

El código generado por esta nueva actividad es el mismo que se genera al crear la actividad principal cuando iniciamos un nuevo proyecto, y también nos incluye un **TextView** con el típico texto **Hello world!** (¡Hola mundo!).

```
<RelativeLayout xmlns:android="http://schemas.android.com/
apk/res/android"
    xmlns:tools="http://schemas.android.com/tools"
android:layout_width="match_parent"
    android:layout_height="match_parent"
android:paddingLeft="@dimen/activity_horizontal_margin"
    android:paddingRight="@dimen/activity_horizontal_margin"
    android:paddingTop="@dimen/activity_vertical_margin"
    android:paddingBottom="@dimen/activity_vertical_margin"
    tools:context="com.example.luish.aplicacion.Actividad2">
```

```
        <TextView android:text="@string/hello_world"
android:layout_width="wrap_content"
            android:layout_height="wrap_content" />

    </RelativeLayout>
```

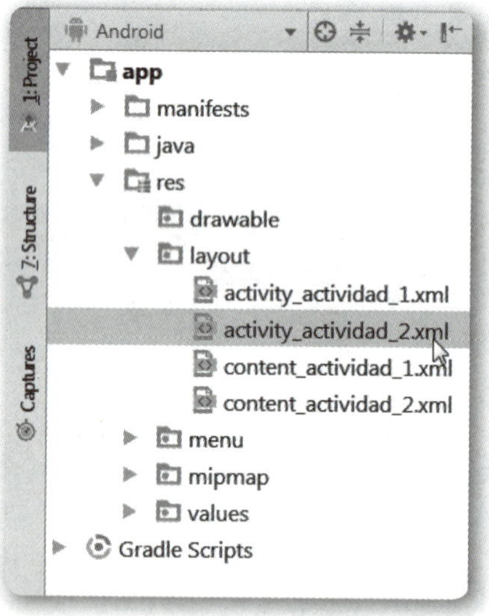

Figura 2. Al agregar una nueva actividad, podemos observar que esta es generada en la carpeta `layout`.

Ciclo de vida de una actividad

Cada actividad tiene un ciclo de vida: primero es creada o se inicia con el método **onCreate()**, luego pasa al método **onStart()**, y finalmente para ejecutarse utiliza el método **onResume()**.

MÉTODOS DE UN OBJETO

Un **método** es un conjunto de comportamientos o acciones que puede realizarse en el objeto. Podríamos decir que son las órdenes que le damos al objeto para que haga algo sobre sí mismo. Tomando como ejemplo a una persona, sus métodos serían hablar, caminar, comer o dormir. En el caso de un avión, los métodos serían carretear, girar, despegar, etcétera.

Si la actividad debe pasar a segundo plano, se ejecuta el método **onPause()**, y si vuelve a primer plano, se ejecuta nuevamente el método **onResume()**. Por último, para finalizar la actividad, debemos ejecutar el método **onDestroy()**.

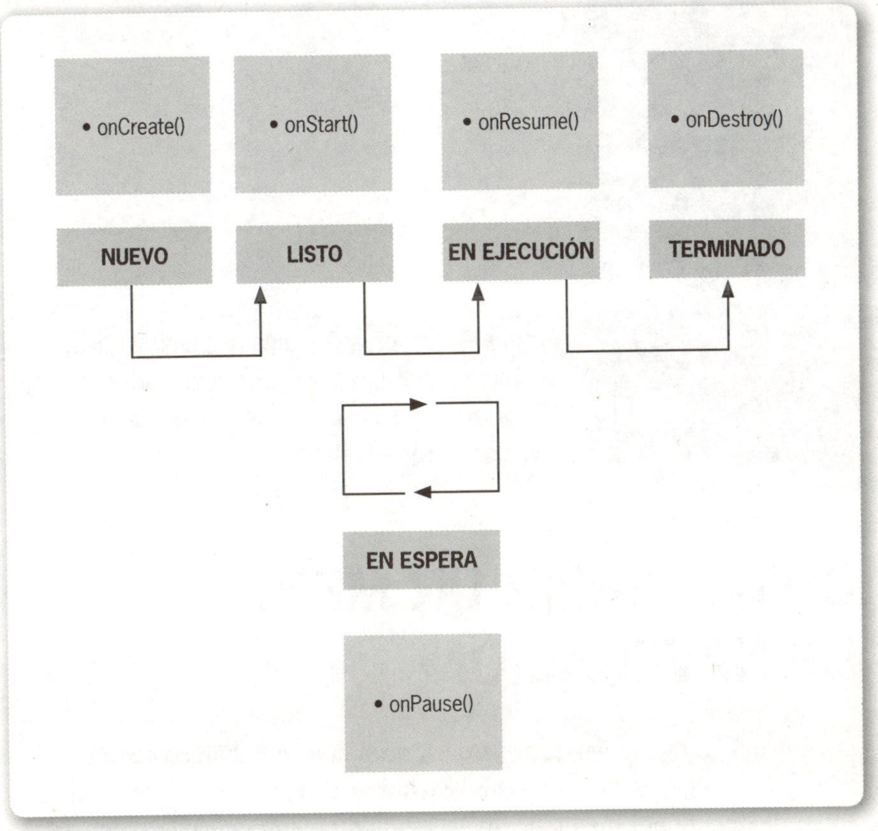

Figura 3. Contamos con varios **métodos** que permiten conocer el estado de nuestra aplicación.

GOOGLE ADWORDS

Google Adwords es otra herramienta que nos permite hacer publicidad. Cuando realizamos búsquedas, los anuncios de Google AdWords aparecen enmarcados en el sector superior derecho de la página de Google. Emplea el **sistema PPC**, es decir que cuando un usuario hace clic en algunos de estos anuncios, el dueño del anuncio le paga a Google el importe que haya estipulado en su cuenta.

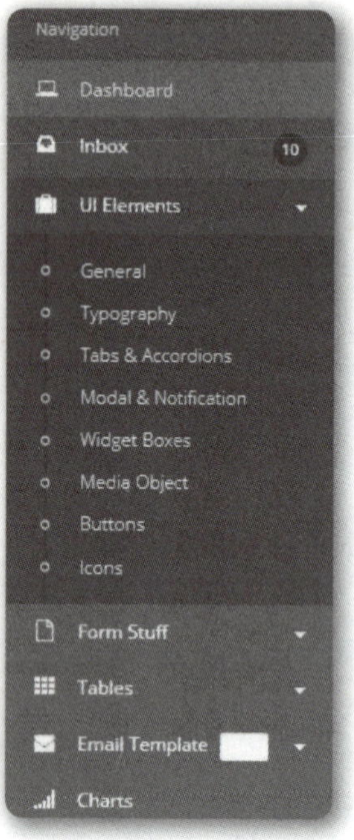

Figura 4. Observamos aquí un menú vertical, compuesto por una rama principal (padre), **UI Elements**, y sus submenús (hijos), **General**, **Typography**, etcétera.

COMO CREAR UN MENÚ DE NAVEGACIÓN

En Android Studio en versiones anteriores a la 2 contábamos con un editor de navegación llamado **Navigation editor**, el mismo nos permitía crear fácilmente por medio de un asistente un menú de navegación. A partir de la versión 2 de Android Studio, tenemos que crear nuestro menú de navegación por código, creando algunas funciones o métodos que nos permitirán navegar por el contenido de nuestra aplicación.

Ejemplo práctico

Supongamos que tenemos 3 actividades y las queremos vincular entre ellas a través de 3 botones. Agregamos las 3 actividades, como vimos en este capítulo, a través del menú principal haciendo clic en **File/New/Activity**. Y le ponemos los nombres **MainActivity1**, **MainActivity2** y **MainActivity3**.

La actividad 1 (**MainActivity1**) contendrá un título y un botón que nos va permitir pasar a otra actividad. Para esto, le agregamos un **Large Text**, y en la propiedad **text** escribimos **Actividad 1** para identificarla. También le agregamos un componente **Button** (botón) y en la propiedad **text** escribimos **Ir a Actividad 2**.

Nuestro código en la vista de texto (**Text**) quedaría de la siguiente forma (**activity_main1.xml**):

```
<?xml version="1.0" encoding="utf-8"?>
<RelativeLayout xmlns:android="http://schemas.android.com/
apk/res/android"
    xmlns:tools="http://schemas.android.com/tools"
    android:id="@+id/activity_main1"
    android:layout_width="match_parent"
    android:layout_height="match_parent"
    android:paddingBottom="@dimen/activity_vertical_margin"
    android:paddingLeft="@dimen/activity_horizontal_margin"
    android:paddingRight="@dimen/activity_horizontal_margin"
    android:paddingTop="@dimen/activity_vertical_margin"
    tools:context="com.lh.luish.menu.MainActivity1">

    <TextView
        android:layout_width="wrap_content"
        android:layout_height="wrap_content"
        android:text="Actividad 1" />

    <Button
        android:text="ir a Actividad 2"
        android:layout_width="wrap_content"
        android:layout_height="wrap_content"
        android:layout_below="@+id/textView"
        android:layout_alignParentStart="true"
        android:layout_marginStart="25dp"
        android:layout_marginTop="66dp"
        android:id="@+id/button"/>

</RelativeLayout>
```

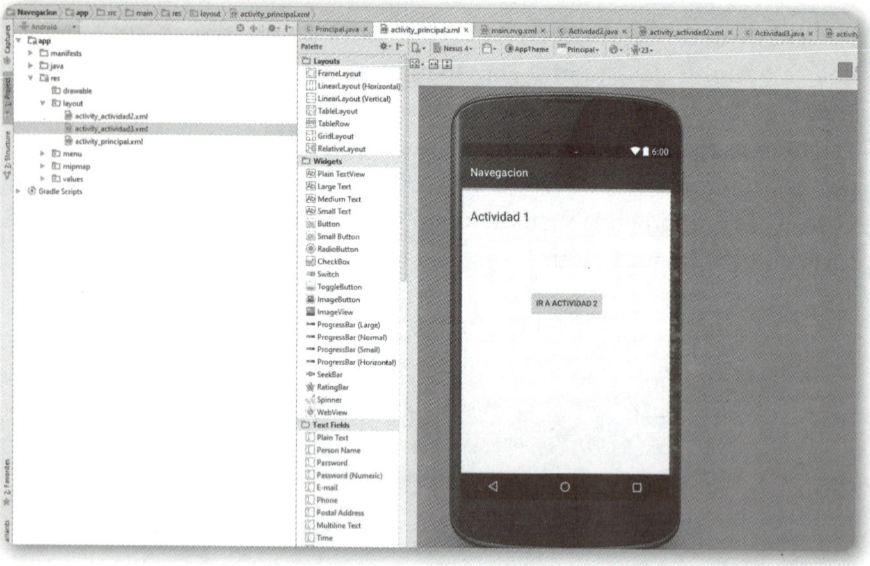

Figura 5. En modo de diseño (**Design**) podemos ver cómo queda nuestra **Actividad 1** terminada.

En la actividad 2 (**MainActivity2**) también agregamos un **Large Text** y en la propiedad **text** escribimos **Actividad 2** para poder distinguirlo, y agregamos dos botones (componentes **Button**) y en la propiedad **text** escribimos **Ir a Actividad 3** y **Volver a Actividad 1**, respectivamente, es decir, uno de los botones para ir a la actividad 3 y el otro para regresar a la actividad 1. El código correspondiente de esta actividad quedaría de la siguiente forma (**activity_main2.xml**):

```
<?xml version="1.0" encoding="utf-8"?>
<RelativeLayout xmlns:android="http://schemas.android.com/
apk/res/android"
    xmlns:tools="http://schemas.android.com/tools"
    android:id="@+id/activity_main2"
    android:layout_width="match_parent"
    android:layout_height="match_parent"
    android:paddingBottom="@dimen/activity_vertical_margin"
    android:paddingLeft="@dimen/activity_horizontal_margin"
    android:paddingRight="@dimen/activity_horizontal_margin"
    android:paddingTop="@dimen/activity_vertical_margin"
```

```
    tools:context="luish.lh.actividad2.MainActivity2">

    <TextView
        android:text="Actividad 2"
        android:layout_width="wrap_content"
        android:layout_height="wrap_content"
        android:id="@+id/textView2"
        android:layout_alignParentTop="true"
        android:layout_alignParentStart="true" />

    <Button
        android:text="ir a Actividad 3"
        android:layout_width="wrap_content"
        android:layout_height="wrap_content"
        android:layout_below="@+id/textView2"
        android:layout_alignParentStart="true"
        android:layout_marginStart="32dp"
        android:layout_marginTop="42dp"
        android:id="@+id/button2" />

    <Button
        android:text="volver a Actividad 1"
        android:layout_width="wrap_content"
        android:layout_height="wrap_content"
        android:id="@+id/button3"
        android:layout_below="@+id/button2"
        android:layout_alignStart="@+id/button2"
        />
</RelativeLayout>
```

MAPA DE NAVEGACIÓN

Cuando creamos una aplicación que contiene varias actividades, las cuales están relacionadas entre sí, nos conviene realizar un esquema en un papel de la estructura de nuestra aplicación, es decir, con las diferentes actividades que componen nuestro proyecto y marcando con una flecha las interrelaciones entre cada actividad. De este modo, tendremos una visión global de la navegación dentro de nuestra aplicación, lo que nos facilitará la realización y o modificación de los enlaces a cada actividad.

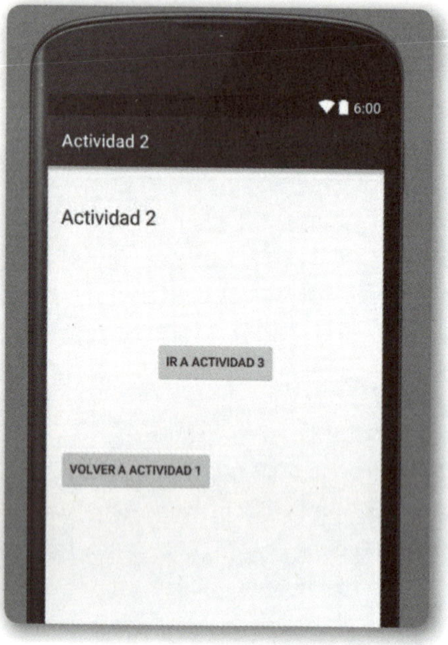

Figura 6. Podemos observar cómo queda nuestra **Actividad 2**, después de agregar el código anterior.

Por último, en nuestra **Actividad 3 (MainActivity3)** también agregamos un componente **Large Text**, y dos botones (**Button**). Al **Large Text** en la propiedad **text** escribimos **Actividad 3** para identificarla del resto de las actividades, y en los botones escribimos **Volver a Actividad 2** e **Ir a Actividad 1** respectivamente. El código de esta última actividad sería el siguiente (activity_main3.xml):

```
<?xml version="1.0" encoding="utf-8"?>
<RelativeLayout xmlns:android="http://schemas.android.com/
apk/res/android"
    xmlns:tools="http://schemas.android.com/tools"
    android:id="@+id/activity_main3"
    android:layout_width="match_parent"
    android:layout_height="match_parent"
    android:paddingBottom="@dimen/activity_vertical_margin"
    android:paddingLeft="@dimen/activity_horizontal_margin"
    android:paddingRight="@dimen/activity_horizontal_margin"
    android:paddingTop="@dimen/activity_vertical_margin"
    tools:context="luish.lh.actividad3.MainActivity3">
```

```
<TextView
    android:text="Actividad 3"
    android:layout_width="wrap_content"
    android:layout_height="wrap_content"
    android:layout_alignParentTop="true"
    android:layout_alignParentStart="true"
    android:layout_marginTop="11dp"
    android:id="@+id/textView3" />

<Button
    android:text="volver a Actividad 2"
    android:layout_width="wrap_content"
    android:layout_height="wrap_content"
    android:layout_below="@+id/textView3"
    android:layout_alignParentStart="true"
    android:layout_marginTop="25dp"
    android:id="@+id/button4" />

<Button
    android:text="ir a Actividad 1"
    android:layout_width="wrap_content"
    android:layout_height="wrap_content"
    android:layout_marginTop="16dp"
    android:id="@+id/button5"
    android:layout_below="@+id/button4"
    android:layout_alignParentStart="true" />
</RelativeLayout>
```

Una vez que tenemos nuestras tres actividades, lo que nos resta es enlazarlas entre sí.

Para esto utilizaremos una clase que nos proporciona el framework llamada **Intent** (en español, 'intento').

La clase **Intent** nos permite, entre otras cosas, intercambiar datos entre actividades y servicios, por lo que podemos también utilizarlas para hacer llamados a otras actividades.

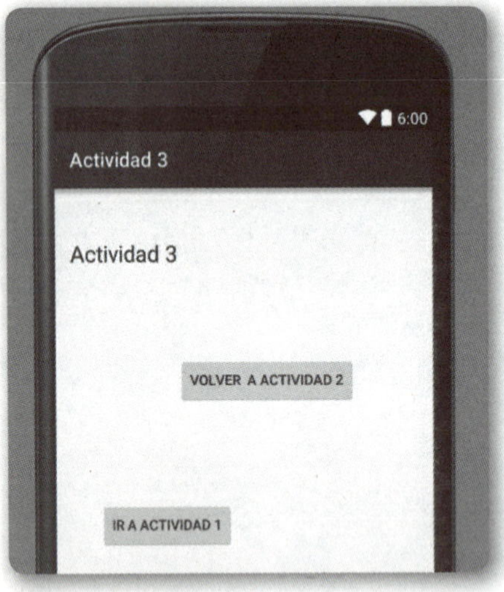

Figura 7. En la **Actividad 3** agregamos también dos botones para poder ir a la actividad 1 y volver a la 2.

La función principal que utiliza la clase **Intent** —y que nos va a ser de mucha utilidad— es la función o método **startActivity()**, que por parámetro va a recibir el objeto **Intent**. Veámoslo en el siguiente ejemplo de código:

```
  Intent intent = new Intent(MainActivity1.this, MainActiv-
ity2.class );
  startActivity(intent);
```

Lo que hicimos fue crear un objeto del tipo **Intent** y nombrarlo **intent** (con minúscula; recordemos que el framework distingue entre mayúsculas y minúsculas), pero podríamos llamarlo de cualquier otra forma. Luego le pasamos dos parámetros: el primero es la

CERTIFICADO DIGITAL

El certificado digital contiene, entre otras cosas, una clave pública, el nombre del propietario, su dirección e e-mail, la fecha de expiración del certificado, el nombre y la firma digital de la entidad certificadora que lo emitió. La función de un certificado digital es identificar al autor de la aplicación. Estos certificados son emitidos por una autoridad certificante, como por ejemplo Verisign o Thawte. En Android, en cambio, los certificados no tienen necesariamente que ser emitidos por una autoridad certificante.

actividad donde estamos, y el segundo, la actividad hacia donde vamos. Como vemos en el ejemplo siguiente, podríamos también poner en esa línea **this** solamente, haciendo referencia al objeto en el que estamos (en este caso, **MainActivity1**):

```
Intent intent = new Intent(this, MainActivity2.class );
```

Después pasamos el objeto creado **intent** como parámetro de la función **startActivity()**:

```
startActivity(intent);
```

Este código es el que tendremos que poner en la actividad desde la cual queremos llamar a la otra actividad; de esta forma, por ejemplo, si estamos en la actividad 1 y queremos llamar a la actividad 2 debemos hacerlo, lógicamente, desde la actividad 1.

```
package com.lh.luish.menu;

import android.content.Intent;
import android.support.v7.app.AppCompatActivity;
import android.os.Bundle;
import android.view.View;
import luish.lh.actividad2.MainActivity2;

public class MainActivity1 extends AppCompatActivity {
```

CÓMO USAR GOOGLE ADWORDS

Para usar este servicio, debemos crear una cuenta en **www.google.com.ar/adwords**. Luego, debemos pactar un presupuesto diario y redactar nuestro anuncio. Este anuncio se mostrará cuando algunas de las palabras claves que hemos establecido coincidan con los términos de búsqueda que el usuario haya empleado, usando la metodología **SEM** (*search engine marketing*), para diferenciar el posicionamiento normal del buscador del posicionamiento pago.

```
    @Override
    protected void onCreate(Bundle savedInstanceState) {
        super.onCreate(savedInstanceState);
        setContentView(R.layout.activity_main1);
    }

    public void irActividad2(View view){
        Intent intent = new Intent(MainActivity1.this, Main-
Activity2.class );

        startActivity(intent);
    }
}
```

El código anterior, como podemos observar, se escribe sobre el archivo **MainActivity1.java**, que es nuestra actividad principal desde donde llamaremos a la actividad 2.

Sólo nos resta crear el botón **Ir a actividad 2.**

Para esto simplemente tenemos que ir al archivo **activity_main1.xml** y, en diseño, en las propiedades del botón, buscar **OnClick**. El evento **OnClick** hace que se produzca una determinada acción cuando el usuario presiona el botón. Escribimos el nombre de la función (en este caso, **irActividad2**, que es la misma que desarrollamos en el archivo **MainActivity1.java**).

Otra opción —la que más utilizamos los programadores— es escribir el evento directamente en la pestaña **Text**, donde se define el código del botón:

```
<Button
        android:text="ir a Actividad 2"
        android:layout_width="wrap_content"
        android:layout_height="wrap_content"
        android:layout_below="@+id/textView"
        android:layout_alignParentStart="true"
        android:layout_marginStart="25dp"
        android:layout_marginTop="66dp"
        android:id="@+id/button"
        android:onClick="irActividad2" />
```

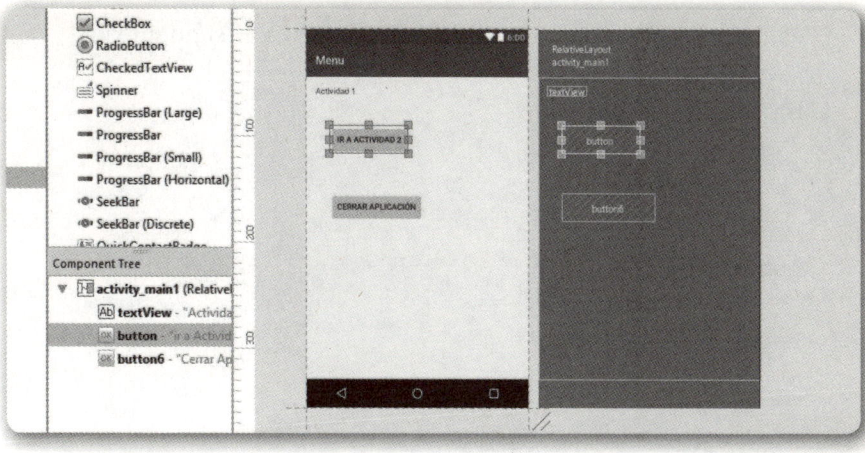

Figura 8. En la pestaña de diseño podemos acceder al editor de propiedades y darle un valor a la propiedad **onClick**.

En cada una de las actividades tenemos que hacer lo mismo, es decir, escribir el código correspondiente para cada botón. En el caso del botón **volver a Actividad**, debemos llamar a la función o método **finish()**, que cierra la actividad sobre la cual estamos parados:

```
public void volver(View view) {
        Intent volver= new Intent(this, MainActivity1.class);
        startActivity(volver);
        finish();
    }
```

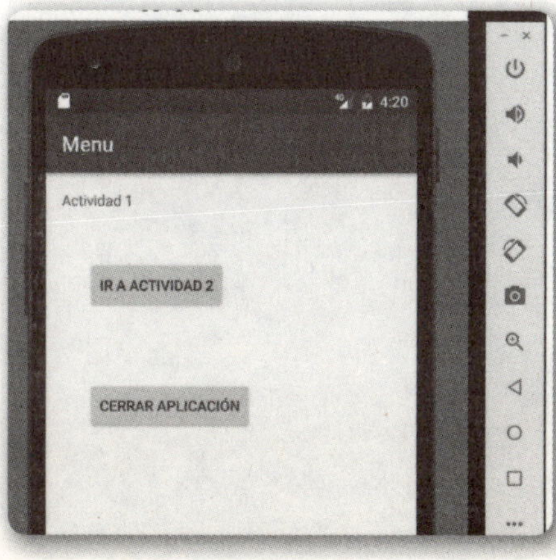

Figura 9. En el emulador de Android Studio podemos ver cómo queda nuestra aplicación en tiempo real.

El código completo para las actividades 2 y 3 es el siguiente:

MainActivity2.java

```
package luish.lh.actividad2;

import android.content.Intent;
import android.support.v7.app.AppCompatActivity;
import android.os.Bundle;
import android.view.View;

import com.lh.luish.menu.MainActivity1;
import com.lh.luish.menu.R;

import luish.lh.actividad3.MainActivity3;

public class MainActivity2 extends AppCompatActivity {

    @Override
    protected void onCreate(Bundle savedInstanceState) {
        super.onCreate(savedInstanceState);
        setContentView(R.layout.activity_main2);
    }

    public void irActividad3(View view){
        //Intent intent2 = new Intent(this, MainActivity3.
class );
        Intent intent2 = new Intent(MainActivity2.this,
MainActivity3.class );

        startActivity(intent2);

    }

    public void volver(View view) {
        Intent volver= new Intent(this, MainActivity1.
class);
        startActivity(volver);
        finish();
    }
}
```

MainActivity3.java

```
package luish.lh.actividad3;

import android.content.Intent;
import android.support.v7.app.AppCompatActivity;
import android.os.Bundle;
import android.view.View;

import com.lh.luish.menu.MainActivity1;
import com.lh.luish.menu.R;

import luish.lh.actividad2.MainActivity2;

public class MainActivity3 extends AppCompatActivity {

    @Override
    protected void onCreate(Bundle savedInstanceState) {
        super.onCreate(savedInstanceState);
        setContentView(R.layout.activity_main3);
    }

    public void irActividad1(View view){
        //Intent intent2 = new Intent(this, MainActivity3.
class );
        Intent intent3 = new Intent(MainActivity3.this,
MainActivity1.class );

        startActivity(intent3);

    }

    public void volver(View view) {
        Intent volver= new Intent(this, MainActivity2.
class);
        startActivity(volver);
        finish();
    }
}
```

TIPOS DE ACTIVIDADES DISPONIBLES

Una opción interesante que nos trae Android Studio es la de crear una actividad utilizando alguna de las **plantillas** que se nos proporciona al iniciar un proyecto nuevo o, desde el menú principal, al agregar una nueva actividad. Algunas de estas plantillas son las siguientes:

- Actividad básica (**Basic Activity**).
- Actividad vacía (**Empty Activity**).
- Actividad de pantalla completa (**Fullscreen Activity**).
- Actividad con anuncios de **Google ADMob** (**Google AdMob Ads Activity**).
- Actividad con mapas de Google (**Google Maps Activity**).
- Actividad con login (**Login Activity**).
- Actividad con diagrama maestro/detalle (**Master/Detail Flow**).
- Actividad con diagrama de navegación (**Navigation Drawer Activity**).
- Actividad con scroll (**Scrolling Activity**).
- Actividad con configuración (**Settings Activity**).
- Actividad con pestañas (**Tabbed Activity**).

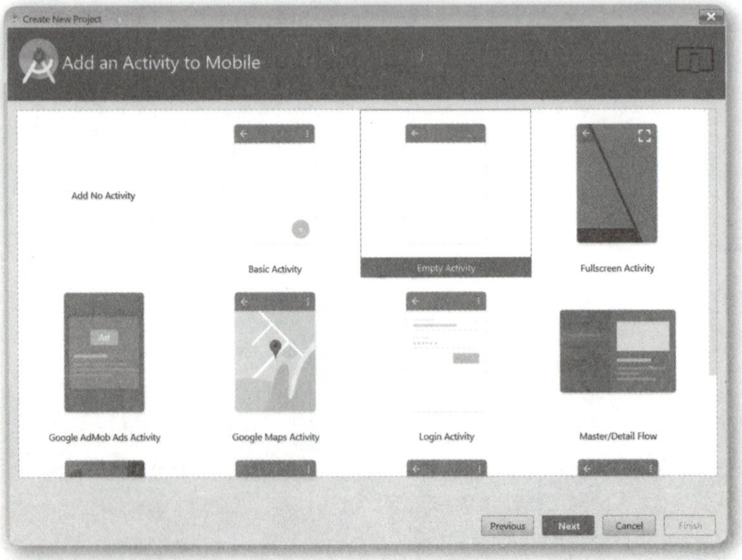

Figura 10. Al generar un proyecto nuevo, Android Studio nos permite comenzarlo con una actividad acorde al contenido que vamos a crear.

Actividad básica

Al generar una actividad básica (**basic activity**), estamos creando una actividad lista para ser usada, con lo mínimo indispensable. Solo contiene en su interior un **TextView** y un menú. El código generado al crearla es el siguiente:

```
<?xml version="1.0" encoding="utf-8"?>
<RelativeLayout xmlns:android="http://schemas.android.com/
apk/res/android"
     xmlns:tools="http://schemas.android.com/tools"
     xmlns:app="http://schemas.android.com/apk/res-auto"
android:layout_width="match_parent"
     android:layout_height="match_parent"
android:paddingLeft="@dimen/activity_horizontal_margin"
     android:paddingRight="@dimen/activity_horizontal_margin"
     android:paddingTop="@dimen/activity_vertical_margin"
     android:paddingBottom="@dimen/activity_vertical_margin"
     app:layout_behavior="@string/appbar_scrolling_view_be-
havior"
     tools:showIn="@layout/activity_actividad__blanco"
tools:context=".Actividad_Blanco">

     <TextView android:text="Hello World!" android:layout_
width="wrap_content"
          android:layout_height="wrap_content" />
</RelativeLayout>
```

FRAGMENT (FRAGMENTO)

Estas actividades son, como su nombre lo indica, pequeños **fragmentos** dentro de una actividad principal, y, en cierta forma, independientes de ella. Esto implica que pueden agregarse o eliminarse de modo independiente y también pueden ser incluidos en otras actividades, aunque si muere su contendor principal (la actividad principal que lo contiene), también son eliminados. Como toda actividad, un fragmento tiene **ciclos de vida**: con el método **onCreate()** se crea el fragmento; con **onCreateView()**, es llamado cuando se hace visible el fragmento por primera vez; y **onPause()** se utiliza cuando el usuario deja de usar el fragmento.

Podemos observar cómo viene ya incluido un componente **TextView**, con la frase **Hello World!**.

Figura 11. Podemos observar en el simulador de Android Studio cómo se vería una actividad básica.

Actividad vacía

En este caso en particular, el sistema nos crea una **actividad sin** absolutamente nada, sin ningún componente; como su **nombre lo** indica, crea una actividad **vacía**.

```
<?xml version="1.0" encoding="utf-8"?>
<RelativeLayout xmlns:android="http://schemas.android.com/
apk/res/android"
      xmlns:tools="http://schemas.android.com/tools"
android:layout_width="match_parent"
      android:layout_height="match_parent"
android:paddingLeft="@dimen/activity_horizontal_margin"
      android:paddingRight="@dimen/activity_horizontal_margin"
      android:paddingTop="@dimen/activity_vertical_margin"
      android:paddingBottom="@dimen/activity_vertical_margin"
      tools:context="com.example.luish.actividadesbv.Activi-
dad_vacia">

</RelativeLayout>
```

Figura 12. Una actividad vacía (**Empty Activity**) nos permite configurar una actividad desde cero sin ningún agregado por parte del sistema.

Actividad de pantalla completa

Esta actividad, **Fullscreen Activity**, nos permite crear una actividad en pantalla completa ocultando la barra de estado. Generalmente es usada para videojuegos.

```
    <FrameLayout xmlns:android="http://schemas.android.com/apk/
res/android"
        xmlns:tools="http://schemas.android.com/tools"
android:layout_width="match_parent"
        android:layout_height="match_parent"
android:background="#0099cc"
        tools:context="com.example.luish.actividadesbv.Activi-
dad_pantalla_completa">

        <!-- The primary full-screen view. This can be replaced
with whatever view
            is needed to present your content, e.g. VideoView,
SurfaceView,
            TextureView, etc. -->
```

```
      <TextView android:id="@+id/fullscreen_content"
android:layout_width="match_parent"
          android:layout_height="match_parent"
android:keepScreenOn="true" android:textColor="#33b5e5"
          android:textStyle="bold" android:textSize="50sp"
android:gravity="center"
          android:text="@string/dummy_content" />

      <!-- This FrameLayout insets its children based on sys-
tem windows using
           android:fitsSystemWindows. -->
      <FrameLayout android:layout_width="match_parent"
android:layout_height="match_parent"
          android:fitsSystemWindows="true">

          <LinearLayout android:id="@+id/fullscreen_content_
controls" style="?metaButtonBarStyle"
              android:layout_width="match_parent"
android:layout_height="wrap_content"
              android:layout_gravity="bottom|center_horizon-
tal"
              android:background="@color/black_overlay" androi
d:orientation="horizontal"
              tools:ignore="UselessParent">

              <Button android:id="@+id/dummy_button" style="?m
etaButtonBarButtonStyle"
                  android:layout_width="0dp" android:layout_
height="wrap_content"
                  android:layout_weight="1" android:text="@
string/dummy_button" />

          </LinearLayout>
      </FrameLayout>

  </FrameLayout>
```

Figura 13. Una actividad de pantalla completa también puede ser utilizada para mostrar imágenes o videos.

Actividad con anuncios de Google AdMob

Este tipo de actividad nos permite agregar avisos publicitarios a nuestra aplicación a través de **Google AdMob**, una plataforma de la empresa Google, para después cobrar por publicarlos. En su sitio web podremos encontrar más información al respecto: **www.google.es/admob**

Al agregar esta actividad a nuestro proyecto, veremos que viene disponible un ejemplo para ser adaptado a nuestra aplicación.

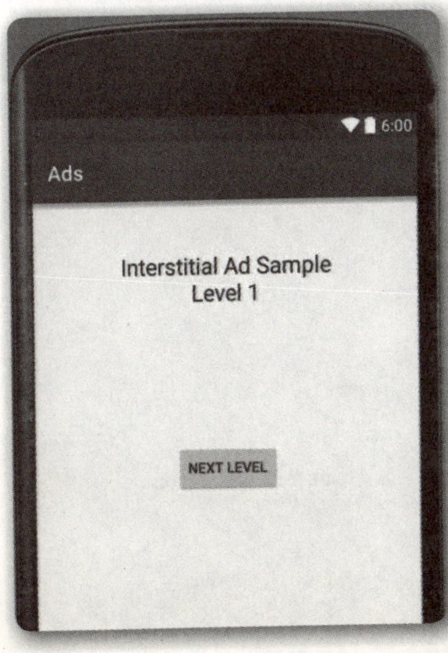

Figura 14. Si agregamos una **Google AdMob Ads Activity**, podemos configurar el ejemplo que trae dicha actividad de acuerdo con nuestros parámetros.

El código generado al crear esta actividad es el siguiente:

```
<RelativeLayout xmlns:android="http://schemas.android.com/
apk/res/android"

      xmlns:tools="http://schemas.android.com/tools"
android:layout_width="match_parent"
      android:layout_height="match_parent" tools:context=".
Ads">

      <!-- view for AdMob Interstitial Ad -->
      <TextView android:id="@+id/app_title" android:layout_
width="wrap_content"
          android:layout_height="wrap_content" android:layout_
centerHorizontal="true"
          android:layout_marginTop="50dp" android:text="@
string/interstitial_ad_sample"
          android:textAppearance="?android:attr/textAppear-
anceLarge" />

      <TextView android:id="@+id/level" android:layout_
width="wrap_content"
          android:layout_height="wrap_content" android:layout_
below="@+id/app_title"
          android:layout_centerHorizontal="true"
android:text="@string/start_level"
          android:textAppearance="?android:attr/textAppear-
anceLarge" />

      <Button android:id="@+id/next_level_button"
android:layout_width="wrap_content"
          android:layout_height="wrap_content" android:layout_
centerHorizontal="true"
          android:layout_centerVertical="true" android:text="@
string/next_level" />
  </RelativeLayout>
```

En el código anterior podemos observar cómo se genera automáticamente, al crear este tipo de actividad, un llamado al archivo **strings.xml**, que está ubicado dentro del directorio **values** de nuestro proyecto.

En dicho archivo hay una parte reservada para poner el identificador (ID) de nuestro anuncio. Ese texto está identificado con el nombre **interstitial_ad_unit_id**, dentro de la última etiqueta **string**:

```
<resources>
    <string name="app_name">Ads</string>

    <string name="action_settings">Settings</string>

    <string name="interstitial_ad_sample">Interstitial Ad
Sample</string>
    <string name="start_level">Level 1</string>
    <string name="next_level">Next Level</string>
    <!-- -
        This is an ad unit ID for an interstitial test ad.
Replace with your own interstitial ad unit id.
        For more information, see https://support.google.
com/admob/answer/3052638
    <!- -- >
    <string name="interstitial_ad_unit_id">ca-app-
pub-3940256099942544/1033173712</string>
</resources>
```

CONSTRAINTLAYOUT

Este componente, aún en fase beta, nos permite crear interfaces complejas empleando las restricciones (constraints). Es sistema proporcional de distancia que se usa para colocar un elemento en relación con otros elementos del diseño, de forma tal que los elementos que componen nuestra interfaz mantendrán su posición, independientemente del tamaño, resolución y orientación de pantalla donde se visualice nuestra aplicación.

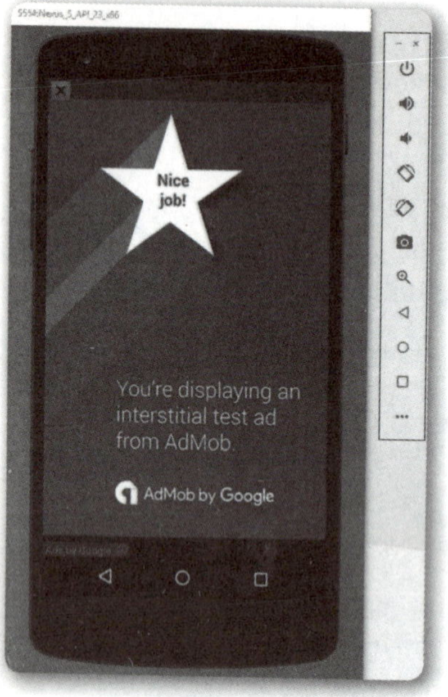

Figura 15. En el ejemplo que trae cargada la plantilla de esta actividad, al presionar el botón **`next level`**, podemos ver la publicidad.

Otra manera de poner publicidad en nuestra aplicación, sin utilizar la actividad Google AdMob Ads Activity, es agregándole a una actividad el siguiente código:

```
xmlns:ads=http://schemas.android.com/apk/res-auto
```

Y después la etiqueta de Android Ads, donde configuramos la posición y el identificador de nuestro anuncio (ID):

```
<com.google.android.gms.ads.AdView
        android:id="@+id/adView"
        android:layout_width="wrap_content"
        android:layout_height="wrap_content"
        android:layout_centerHorizontal="true"
        android:layout_alignParentBottom="true"
        ads:adSize="BANNER"
        ads:adUnitId="@string/banner_ad_unit_id">
    </com.google.android.gms.ads.AdView>
```

También debemos agregar al archivo **strings.xml** el siguiente código para que sea llamado por la actividad:

```
<string name="banner_ad_unit_id">ca-app-
pub-3940256099942544/6300978111</string>
```

Figura 16. Otra forma de agregar avisos a una actividad es haciendo la configuración por código sin utilizar Google AdMob Ads Activity.

Actividad con mapas de Google

Para agregar mapas de Google a nuestra aplicación, debemos seleccionar **Google Maps Activity**. Al agregar esta actividad, se genera un archivo llamado **google_maps_api.xml**, con el siguiente código:

```
<resources>
    <!--
    TODO: Before you run your application, you need a Google
Maps API key.

    To get one, follow this link, follow the directions and
press "Create" at the end:
```

```
        https://console.developers.google.com/flows/
enableapi?apiid=maps_android_backend&keyType=CLIENT_SIDE_ANDRO
ID&r=FD:67:44:45:7E:83:E9:E7:CD:5B:7E:37:45:44:FC:19:8E:A6:B4:
D8%3Bcom.example.luish.mapas_google

        You can also add your credentials to an existing key,
using this line:
        FD:67:44:45:7E:83:E9:E7:CD:5B:7E:37:45:44:FC:19:8E:A6:B4
:D8;com.example.luish.mapas_google

        Alternatively, follow the directions here:
        https://developers.google.com/maps/documentation/an-
droid/start#get-key

        Once you have your key (it starts with "AIza"), replace
the "google_maps_key"
        string in this file.
        -->
        <string name="google_maps_key" translatable="false" temp
lateMergeStrategy="preserve">
            YOUR_KEY_HERE
        </string>
    </resources>
```

Como podemos observar en el código anterior, para hacer uso de los recursos de Google como el mapa, necesitamos contar con una clave. Esta se obtiene desde la página de Google para desarrolladores: **https://console.developers.google.com/start**

Una vez que tenemos la clave (**Key**), debemos copiarla y pegarla dentro del archivo, al final de todo donde dice: **YOUR_KEY_HERE**.

PARA PODER USAR LOS RECURSOS DE GOOGLE, DEBEMOS TENER UNA CLAVE DE DESARROLLADORES

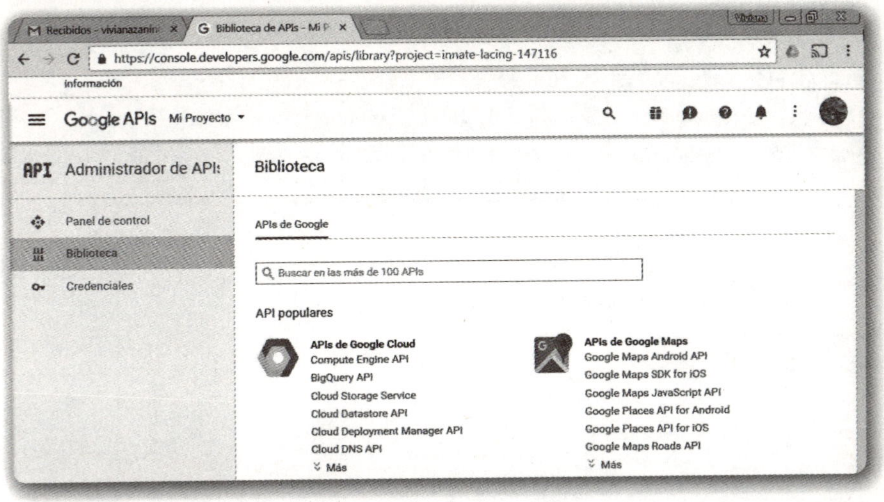

Figura 17. Al ingresar a la página de Google debemos hacerlo con un usuario y contraseña de Google, si no, debemos registrarnos.

Cómo conseguir la clave de Google

Para conseguir esta clave, una vez que entramos en la página de Google "Consola de desarrolladores" mencinada anteriormente, seguiremos el siguiente **Paso a paso**:

CONSEGUIR LA CLAVE DE GOOGLE

01 En la ventana `Google Developers Console`, haga clic en `Crear un proyecto`.

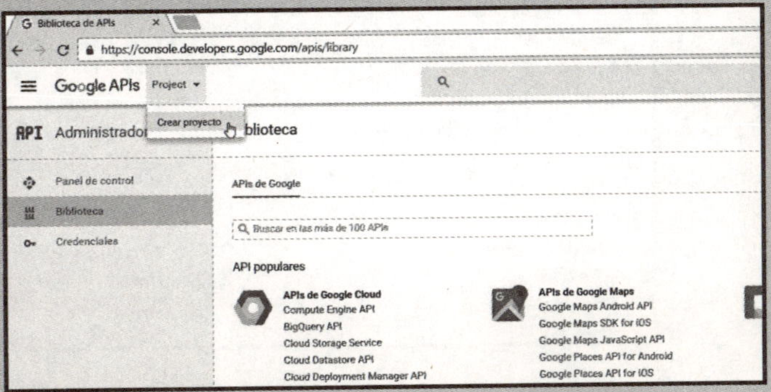

02 Se abrirá el cuadro de diálogo `Nuevo Proyecto`. En la opción `Nombre del proyecto` escriba un nombre para el sitio. Como ejemplo, escriba **Mi Proyecto**. Acepte las condiciones de uso y luego presione el botón `Crear`.

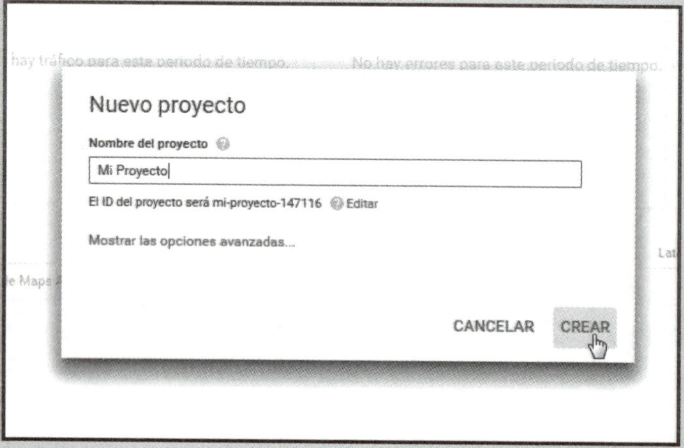

03 En la ventana `Biblioteca`, en la sección `Usar APIs de Google Maps`, haga clic en `Google Maps Android API`.

04 En la siguiente ventana, para habilitar la API, haga clic en el botón `Habilitar`.

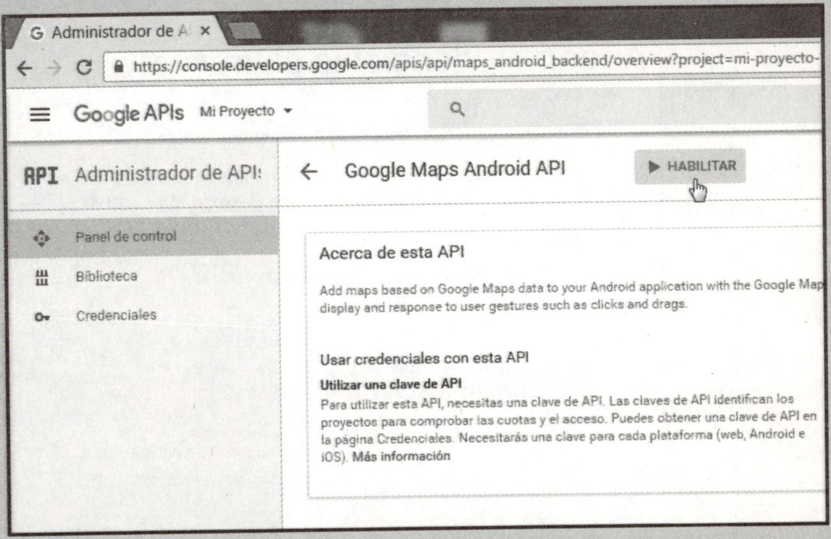

05 Aparecerá un mensaje indicando que no se han creado las credenciales. Presione el botón `Ir a las credenciales`.

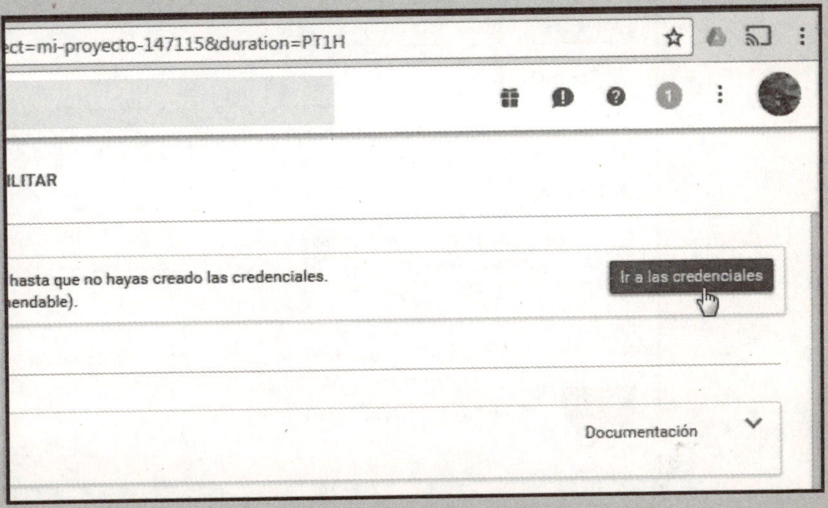

06 En la ventana `Credenciales`, en la sección `Averigua qué tipo de credenciales necesitas`, seleccione la opción `Clave de API`.

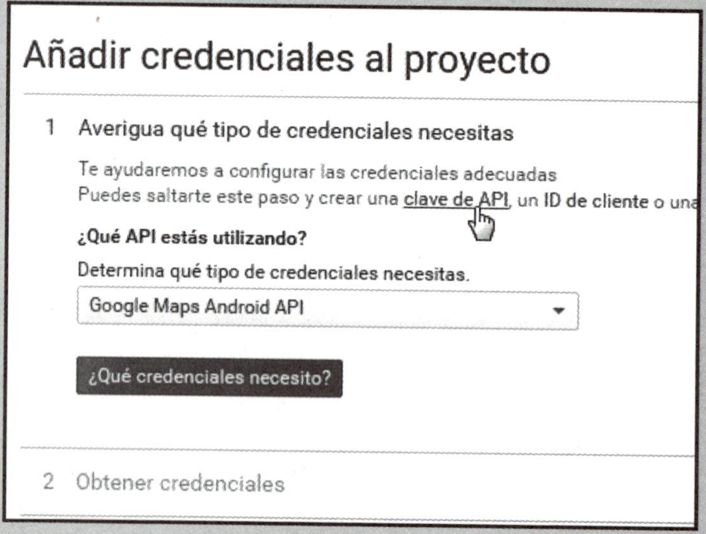

07 Posteriormente, en la ventana `Credenciales`, presione el botón `Crear`.

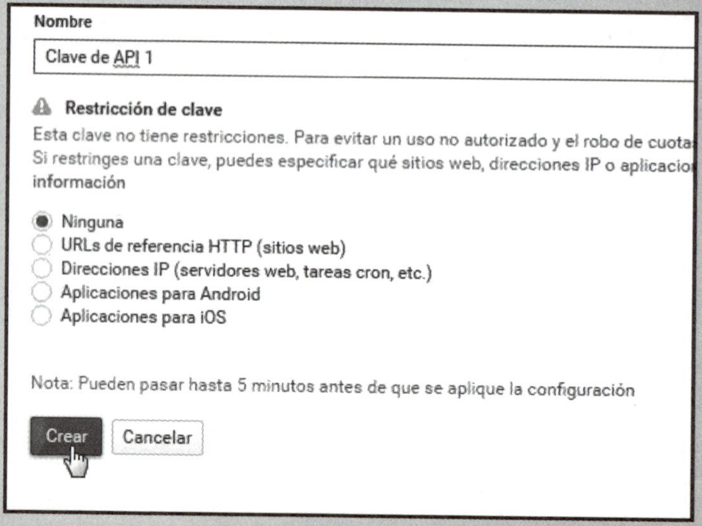

08 En el cuadro de diálogo `Clave de API creada` presione el botón `Cerrar`.

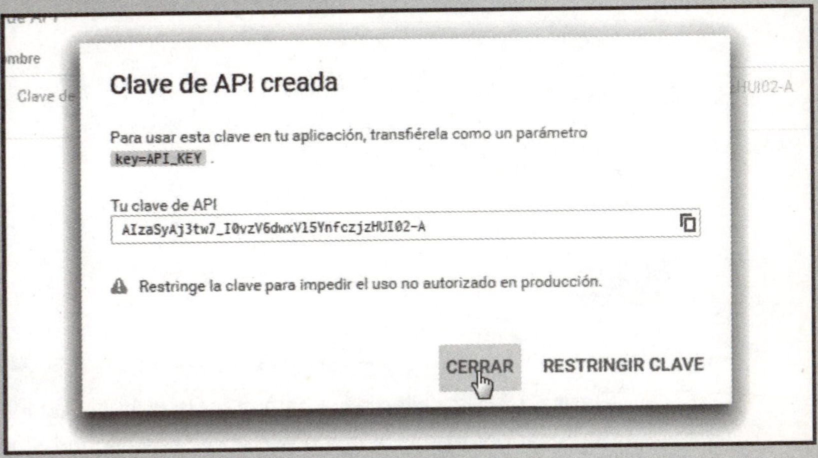

Una vez cumplidos estos pasos, se nos mostrará una ventana con la clave generada. Otra opción si no queremos hacer estos pasos, es ir directamente al enlace que nos proporciona Android Studio dentro del archivo **google_maps_api.xml**. Dicho enlace debe ser similar al siguiente: **https://console.developers.google.com/flows/enableapi?apiid=maps_android_backend&keyType=CLIENT_SIDE_ANDROID&r=FD:67:44:45:7E:83:E9:E7:CD:5B:7E:37:45:44:FC:19:8E:A6:B4:D8%3Bcom.example.luish.mapas_google** (el link varía según el usuario que tengamos registrado).

GOOGLE MAPS

Google Maps es una potente aplicación de mapeo y geolocalización de Google. Con esta aplicación no solo podemos visualizar nombres de calles y tipos de rutas utilizando la vista mapas, sino también realizar una vista satelital de una determinada zona y hacer búsquedas de locaciones tanto comerciales como residenciales. **Google Maps** emplea la misma información vía satélite que **Google Earth**. Podemos encontrar más información sobre cómo usarlo en nuestras aplicaciones en **https://developers.google.com/maps/documentation/android**

Una vez que ingresamos, debemos seleccionar si queremos crear un proyecto nuevo, o bien ingresar a un proyecto existente. A partir de allí, presionamos el botón de color azul **Ir a las credenciales**, y con eso ya tendríamos nuestra clave.

Figura 18. Otra alternativa para crear la clave de Google es ingresar por el enlace que nos proporciona Android Studio.

Configurando la ubicación en Google Maps

Por último, nos queda configurar la ubicación donde queremos que nuestro mapa esté posicionado. Para esto, debemos abrir el archivo **mapas.java** ("mapas" es el nombre de nuestra actividad):

```
package com.example.luish.googlemaps;

import android.support.v4.app.FragmentActivity;
import android.os.Bundle;

import com.google.android.gms.maps.CameraUpdateFactory;
import com.google.android.gms.maps.GoogleMap;
import com.google.android.gms.maps.OnMapReadyCallback;
import com.google.android.gms.maps.SupportMapFragment;
import com.google.android.gms.maps.model.LatLng;
import com.google.android.gms.maps.model.MarkerOptions;

public class Mapas extends FragmentActivity implements OnMa-
pReadyCallback {
```

```
    private GoogleMap mMap;

    @Override
    protected void onCreate(Bundle savedInstanceState) {
        super.onCreate(savedInstanceState);
        setContentView(R.layout.activity_mapas);
        // Obtain the SupportMapFragment and get notified
when the map is ready to be used.
        SupportMapFragment mapFragment = (SupportMapFrag-
ment) getSupportFragmentManager()
                .findFragmentById(R.id.map);
        mapFragment.getMapAsync(this);
    }



    /**
     * Manipulates the map once available.
     * This callback is triggered when the map is ready to
be used.
     * This is where we can add markers or lines, add lis-
teners or move the camera. In this case,
     * we just add a marker near Sydney, Australia.
     * If Google Play services is not installed on the de-
vice, the user will be prompted to install
     * it inside the SupportMapFragment. This method will
only be triggered once the user has
     * installed Google Play services and returned to the
app.
     */
    @Override
    public void onMapReady(GoogleMap googleMap) {
        mMap = googleMap;

        // Add a marker in Sydney and move the camera
        LatLng sydney = new LatLng(-34, 151);
        mMap.addMarker(new MarkerOptions().position(sydney).
title("Marker in Sydney"));
```

```
            mMap.moveCamera(CameraUpdateFactory.
newLatLng(sydney));
        }
    }
```

En las últimas líneas, después del **@Override**, debemos dar las coordenadas de la ubicación (**LatLng sydney = new LatLng(-34, 151)**), y colocar un título, que en este ejemplo es **Marker in Sydney**.

Actividad con login

Esta actividad (**Login Activity**) nos permite crear un login de acceso a nuestra aplicación de manera muy sencilla. Cuando generamos el proyecto, Android Studio nos agrega esta actividad lista para ser enlazada. La verificación o autenticación de usuarios puede realizarse mediante una base de datos (podría ser **SQLite**, que veremos con profundidad en el **Capítulo 5**), o bien a través de la comparación por código entre lo que escribió el usuario en los **textView** y lo que tenemos registrado en nuestro sistema.

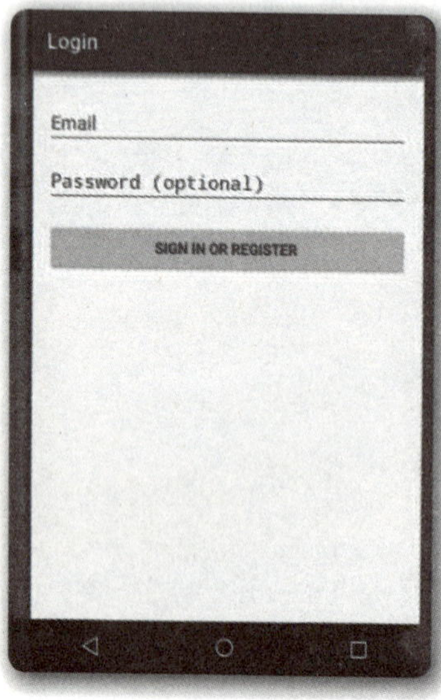

Figura 19. Una vez que ejecutamos el proyecto con el dispositivo conectado deberíamos ver una imagen igual a esta.

LOGIN

La palabra **login** está formada por la conjunción de dos palabras provenientes del inglés: **log** que significa 'registro' y la palabra **in** que significa 'adentro'. Habitualmente se lo emplea para identificar a un usuario cuando ingresa a una aplicación para garantizar su seguridad. En su forma más simple, un login está formado por un nombre de usuario y una contraseña (password).

Actividad con diagrama maestro/detalle

La actividad **Master/Detail Flow** nos permite ver una lista de elementos llamada **maestro** (master) y, al presionar sobre un ítem de esa lista, acceder a información adicional de ese ítem, llamada **detalle** (detail).
Si la confeccionamos para un teléfono inteligente, dadas sus dimensiones, estas informaciones se verán en dos pantallas diferentes, es decir, primero el maestro y, al presionar sobre un elemento, otra pantalla con el detalle. En cambio, si utilizamos una tablet, por ejemplo, tanto el maestro como el detalle se verán en la misma pantalla, de forma vertical (al costado izquierdo, el maestro, y el detalle en el resto de la pantalla). También si queremos verlo en pantalla dividida en un teléfono inteligente, deberemos girar el teléfono; de esta forma quedaría dividida la pantalla.

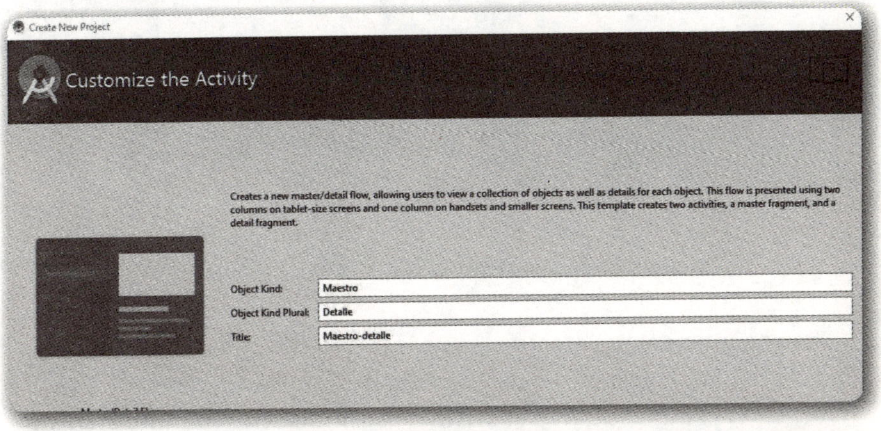

Figura 20. Al generar el proyecto, Android Studio nos pide que ingresemos un nombre para el maestro y otro para el detalle (**Object Kind – Object Kind Plural**).

PERMISOS A LA APLICACIÓN

La aplicación de mapas de Google necesitará permisos especiales, que encontraremos en el archivo **AndroidManifest.xml** y son los siguientes: **"android.permission.INTERNET"**
"android.permission.ACCESS_NETWORK_STATE
"android.permission.WRITE_EXTERNAL_STORAGE"
"com.google.android.providers.gsf.permission.READ_GSERVICES
"android.permission.ACCESS_COARSE_LOCATION"
"android.permission.ACCESS_FINE_LOCATION"

Una vez que creamos la actividad, ya viene incluido un ejemplo del maestro y del detalle. Ese ejemplo está listo para ser modificado y adaptado a nuestro proyecto.

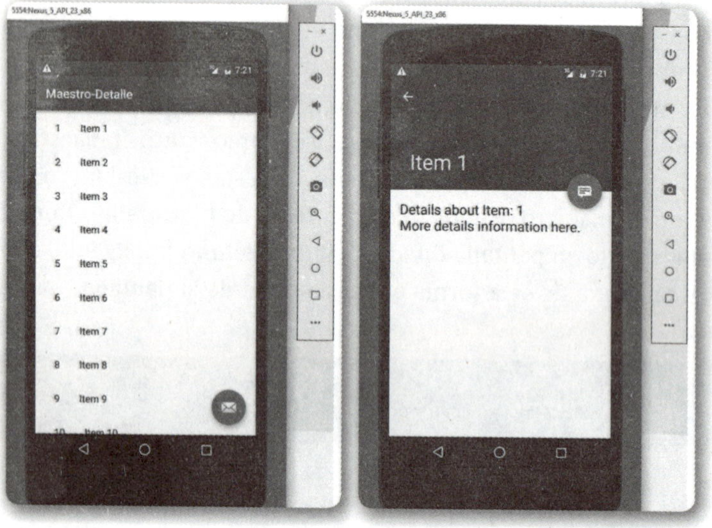

Figura 21. Al ejecutar el proyecto de maestro/detalle podemos observar el ejemplo que trae Android Studio.

Para adaptar este contenido —que trae por defecto Android Studio en la actividad maestro/detalle— a nuestra aplicación, tenemos que reformar el código que trae el archivo **DummyContent.java**. Este archivo se genera cuando creamos un proyecto nuevo del tipo maestro/detalle, junto con el directorio **dummy** dentro de la carpeta **java**.

Luego, tenemos que borrar o comentar el código que se encuentra dentro de la palabra reservada **static** entre las llaves (**static { código }**). Y a continuación, agregamos el siguiente código:

```
  static {
          addItem(new DummyItem("1", "Argentina", "La Capital
de Argentina es Buenos Aires, y su población es de: 41,45 mil-
lones (2013). "));
          addItem(new DummyItem("2", "Chile", "La Capital de
Chile es Santiago de Chile, y su población es de: 17,62 mil-
lones (2013)."));
```

```
        addItem(new DummyItem("3", "México", "La Capital de
México es México, D. F., y su población es de: 122,3 millones
(2013)."));
        addItem(new DummyItem("4", "Uruguay", "La Capital
de Uruguay es Montevideo, y su población es de: 3,407 millones
(2013)."));
        addItem(new DummyItem("5", "España", "La Capi-
tal de España es Madrid, y su población es de: 46,77 millones
(2014)."));
    }
```

Lo que estamos haciendo en este ejemplo es agregar ítems de países a la lista (maestro) y configurar esto para que, al hacer clic sobre alguno de ellos, se muestre la información de cada país (detalle). Por ejemplo, seleccionamos España y se nos abrirá una actividad nueva con la información de España, su capital y población.

El código final del archivo **DummyContent.java** es:

```
package com.example.luish.maestro_detalle.dummy;

import java.util.ArrayList;
import java.util.HashMap;
import java.util.List;
import java.util.Map;

public class DummyContent {

    public static List<DummyItem> ITEMS = new
ArrayList<DummyItem>();

    public static Map<String, DummyItem> ITEM_MAP = new
HashMap<String, DummyItem>();

    private static final int COUNT = 25;

    static {
```

```
		// El siguiente código es el que se agrega para el
ejemplo de Países...
		addItem(new DummyItem("1", "Argentina", "La Capital
de Argentina es Buenos Aires, y su población es de: 41,45 mil-
lones (2013). "));
		addItem(new DummyItem("2", "Chile", "La Capital de
Chile es Santiago de Chile, y su población es de: 17,62 mil-
lones (2013)."));
		addItem(new DummyItem("3", "México", "La Capital de
México es México, D. F., y su población es de: 122,3 millones
(2013)."));
		addItem(new DummyItem("4", "Uruguay", "La Capital
de Uruguay es Montevideo, y su población es de: 3,407 millones
(2013)."));
		addItem(new DummyItem("5", "España", "La Capi-
tal de España es Madrid, y su población es de: 46,77 millones
(2014)."));
	}

	private static void addItem(DummyItem item) {
		ITEMS.add(item);
		ITEM_MAP.put(item.id, item);
	}

	private static DummyItem createDummyItem(int position) {
		return new DummyItem(String.valueOf(position), "Item
" + position, makeDetails(position));
	}

	private static String makeDetails(int position) {
		StringBuilder builder = new StringBuilder();
		builder.append("Details about Item:
").append(position);
		for (int i = 0; i < position; i++) {
			builder.append("\nMore details information
here.");
		}
```

```
        return builder.toString();
    }
    public static class DummyItem {
        public String id;
        public String content;
        public String details;

        public DummyItem(String id, String content, String
details) {
            this.id = id;
            this.content = content;
            this.details = details;
        }

        @Override
        public String toString() {
            return content;
        }
    }
}
```

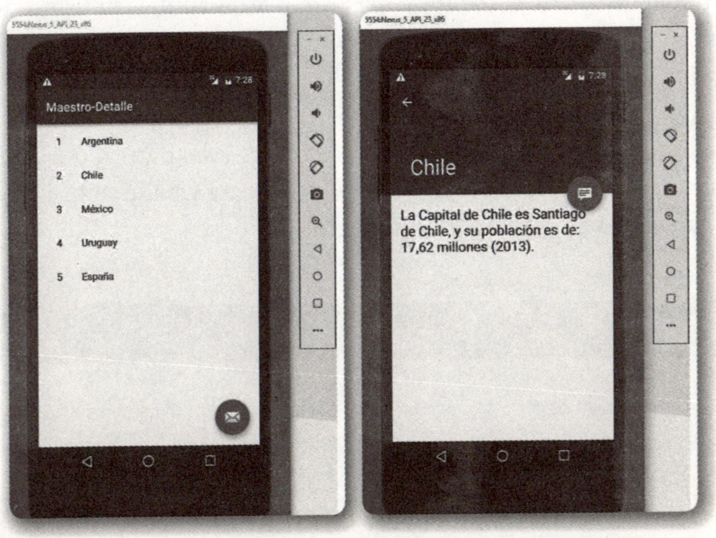

Figura 22. En nuestro ejemplo terminado podemos observar cómo, al seleccionar un país, se nos abre una nueva actividad con la descripción.

Actividad con diagrama de navegación

Navigation Drawer Activity nos permite crear un menú de navegación dentro de nuestra actividad. Este menú se ubica al costado izquierdo de la pantalla, en forma de panel, y aparece al deslizarnos con el dedo de izquierda a derecha o bien presionando el icono de navegación.

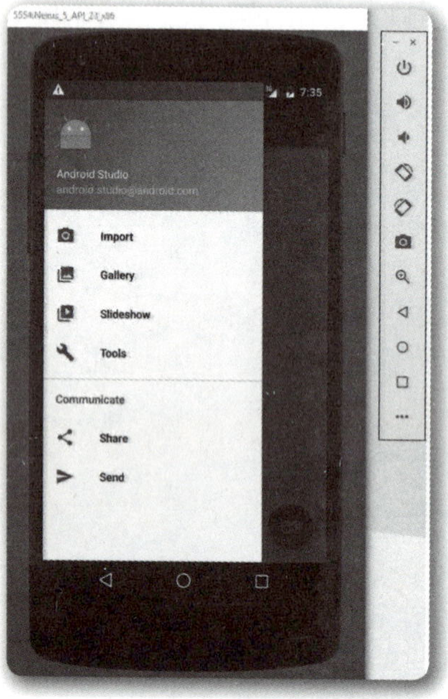

Figura 23. Crear **menús de navegación** es muy fácil utilizando Android Studio.

Para personalizar el menú, y hacerlo acorde a nuestro proyecto, tendremos que modificar cuatro archivos del proyecto generado por Android Studio, a saber:

- **Navegacion.java**: se encuentra en la carpeta **java**, dentro del directorio **com.example.nombre.navegacion.**, donde **nombre** es el nombre del autor y **navegación** el nombre del proyecto.

COMENTARIOS

Cuando parte de nuestro código es bastante complejo, es una buena idea incluir una o varias líneas de comentarios con la finalidad de aclarar lo que estamos realizando. Si queremos hacer un comentario de una sola línea, al principio de ella escribimos **//** (doble barra). Si, en cambio, queremos dejar un comentario que abarque varias líneas, comenzamos el comentario con **/*** (barra seguida de un asterisco) y, al finalizar, escribimos ***/** (asterisco seguido de una barra). Los comentarios no serán interpretados cuando se ejecute el código.

- **Activity_navegacion_drawer.xml**: se encuentra dentro del directorio **menu**, que se halla dentro de la carpeta **res**.
- **Nav_header_navegacion.xml**: también se encuentra dentro de la carpeta **res**, en el directorio **layout**.
- **Strings.xml**: está disponible dentro del directorio **values**, dentro de la carpeta **res**.

Lo primero que tenemos que agregar son los **strings** o **campos de texto**, para luego incorporarlos en los distintos archivos del proyecto. Para esto, debemos modificar el archivo **strings.xml**. Entonces agregamos los ítems de nuestro menú: Agenda, Mapa y Consultas. Finalmente, el código de nuestro archivo **stings.xml** debería quedar así:

```
    <resources>
        <string name="app_name">Navegación</string>

        <string name="navigation_drawer_open">Open navigation
drawer</string>
        <string name="navigation_drawer_close">Close navigation
drawer</string>
        <string name="action_settings">Settings</string>

        <string name="agenda_item">Agenda</string>
        <string name="mapa_item">Mapa</string>
        <string name="consultas_item">Consultas</string>

    </resources>
```

Se puede observar cómo, antes de finalizar las etiquetas **resources**, hemos agregado los tres ítems en las etiquetas **string**.

En el archivo **activity_navigation_drawer.xml** borramos los ítems que trae por defecto Android Studio y agregamos los nuestros:

```
    <?xml version="1.0" encoding="utf-8"?>
    <menu xmlns:android="http://schemas.android.com/apk/res/
android">
```

```
<group android:checkableBehavior="single">
    <item
        android:id="@+id/nav_agenda"
        android:checked="true"
        android:icon="@android:drawable/ic_menu_agenda"
        android:title="@string/agenda_item" />
    <item
        android:id="@+id/nav_mapa"
        android:icon="@android:drawable/ic_dialog_map"
        android:title="@string/mapa_item" />
    <item
        android:id="@+id/nav_consultas"
        android:icon="@android:drawable/ic_menu_help"
        android:title="@string/consultas_item" />
</group>
</menu>
```

En el archivo **Navegacion.java** (recordemos que "Navegación" es el título de nuestro proyecto), deberemos cambiar el código de la función **public boolean onNavigationItemSelected(MenuItem Item){}** por los nuestros con sus respectivos identificadores (ID), que son los que agregamos en el archivo anterior **activity_navigation_drawer.xml**.

Entonces el código total de ese archivo sería el siguiente:

```
package com.example.luish.navegacion;

import android.os.Bundle;
import android.support.design.widget.FloatingActionButton;
import android.support.design.widget.Snackbar;
import android.view.View;
import android.support.design.widget.NavigationView;
import android.support.v4.view.GravityCompat;
import android.support.v4.widget.DrawerLayout;
import android.support.v7.app.ActionBarDrawerToggle;
import android.support.v7.app.AppCompatActivity;
import android.support.v7.widget.Toolbar;
```

```
import android.view.Menu;
import android.view.MenuItem;

public class Navegacion extends AppCompatActivity
        implements NavigationView.OnNavigationItemSelect-
edListener {

    @Override
    protected void onCreate(Bundle savedInstanceState) {
        super.onCreate(savedInstanceState);
        setContentView(R.layout.activity_navegacion);
        Toolbar toolbar = (Toolbar) findViewById(R.
id.toolbar);
        setSupportActionBar(toolbar);

        FloatingActionButton fab = (FloatingActionButton)
findViewById(R.id.fab);
        fab.setOnClickListener(new View.OnClickListener() {
            @Override
            public void onClick(View view) {
                Snackbar.make(view, "Replace with your own
action", Snackbar.LENGTH_LONG)
                        .setAction("Action", null).show();
            }
        });

        DrawerLayout drawer = (DrawerLayout) findViewById(R.
id.drawer_layout);
        ActionBarDrawerToggle toggle = new ActionBarDraw-
erToggle(
                this, drawer, toolbar, R.string.navigation_
drawer_open, R.string.navigation_drawer_close);
        drawer.setDrawerListener(toggle);
        toggle.syncState();

        NavigationView navigationView = (NavigationView)
findViewById(R.id.nav_view);
```

```
        navigationView.setNavigationItemSelectedListener(this);
    }

    @Override
    public void onBackPressed() {
        DrawerLayout drawer = (DrawerLayout) findViewById(R.
id.drawer_layout);
        if (drawer.isDrawerOpen(GravityCompat.START)) {
            drawer.closeDrawer(GravityCompat.START);
        } else {
            super.onBackPressed();
        }
    }

    @Override
    public boolean onCreateOptionsMenu(Menu menu) {
        // Inflate the menu; this adds items to the action
bar if it is present.
        getMenuInflater().inflate(R.menu.navegacion, menu);
        return true;
    }

    @Override
    public boolean onOptionsItemSelected(MenuItem item) {
        // Handle action bar item clicks here. The action
bar will
        // automatically handle clicks on the Home/Up but-
ton, so long
        // as you specify a parent activity in AndroidMani-
fest.xml.
        int id = item.getItemId();

        //noinspection SimplifiableIfStatement
        if (id == R.id.action_settings) {
            return true;
        }

        return super.onOptionsItemSelected(item);
    }
```

```
@SuppressWarnings("StatementWithEmptyBody")
@Override
public boolean onNavigationItemSelected(MenuItem item) {
    // Acá debemos incluir nuestros ítems.
    int id = item.getItemId();

    if (id == R.id.nav_agenda) {

    } else if (id == R.id.nav_mapa) {

    } else if (id == R.id.nav_consultas)  {

    }

    DrawerLayout drawer = (DrawerLayout) findViewById(R.
id.drawer_layout);
    drawer.closeDrawer(GravityCompat.START);
    return true;
  }
}
```

Por último, nos queda modificar el archivo **Nav_header_navegacion.xml**, el cual contiene la configuración del icono y el texto del menú, situados arriba a la izquierda antes de los ítems. Si quisiéramos cambiar el icono y el texto, por ejemplo, debemos hacerlo de la siguiente manera:

```
<?xml version="1.0" encoding="utf-8"?>
<LinearLayout xmlns:android="http://schemas.android.com/apk/
res/android"
    android:layout_width="match_parent" android:layout_
height="@dimen/nav_header_height"
    android:background="@drawable/side_nav_bar"
    android:paddingBottom="@dimen/activity_vertical_margin"
    android:paddingLeft="@dimen/activity_horizontal_margin"
    android:paddingRight="@dimen/activity_horizontal_margin"
    android:paddingTop="@dimen/activity_vertical_margin"
```

```
        android:theme="@style/ThemeOverlay.AppCompat.Dark"
android:orientation="vertical"
        android:gravity="bottom">

        <ImageView android:layout_width="wrap_content"
android:layout_height="wrap_content"
             android:paddingTop="@dimen/nav_header_vertical_spac-
ing"
             android:src="@android:drawable/sym_def_app_icon"
android:id="@+id/imageView" />

        <TextView android:layout_width="match_parent"
android:layout_height="wrap_content"
             android:paddingTop="@dimen/nav_header_vertical_spac-
ing" android:text="Menú"
             android:textAppearance="@style/TextAppearance.Ap-
pCompat.Body1" />

   </LinearLayout>
```

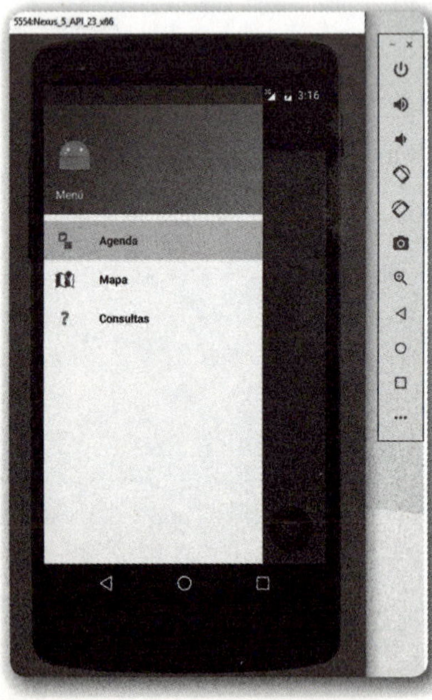

Dentro de la etiqueta **imageView** podemos cambiar el icono, y dentro de la etiqueta **TextView** el texto que lo acompaña.

Figura 24. Con el ejemplo que trae incluido Android Studio podemos crear un menú sin tener que programar demasiado.

Actividad con scroll

Esta actividad (**Scrolling Activity**) nos permite generar una pantalla (actividad) con **scroll**, es decir que podemos navegar por la misma actividad deslizando el dedo de abajo hacia arriba y de arriba hacia abajo. Esto es muy útil cuando tenemos mucho texto o muchas cosas que mostrar en una misma pantalla.

Para entender cómo funciona, con el ejemplo que trae incluido Android Studio es suficiente. Solamente tenemos que agregar una etiqueta **TextView** a la actividad y enlazar el texto al archivo **strings.xml**, que, como vimos anteriormente, se encuentra dentro de la carpeta **values** contenida dentro del directorio recursos (**res**).

Si observamos el archivo **strings.xml** del ejemplo, podemos ver que el texto comienza, como siempre, con la etiqueta **string**, y, entre comillas, va cada línea de texto: en el caso de que quisiéramos hacer un salto de página, debemos agregar **\n**.

El código generado por Android Studio de nuestra actividad (**content_scrolling.sml**) es el siguiente:

```
<?xml version="1.0" encoding="utf-8"?>
<android.support.v4.widget.NestedScrollView
     xmlns:android="http://schemas.android.com/apk/res/an-
droid"
     xmlns:tools="http://schemas.android.com/tools"
     xmlns:app="http://schemas.android.com/apk/res-auto"
     app:layout_behavior="@string/appbar_scrolling_view_be-
havior"
     tools:showIn="@layout/activity_scrolling"
android:layout_width="match_parent"
     android:layout_height="match_parent" tools:context=".
ScrollingActivity">

     <TextView android:layout_width="wrap_content"
android:layout_height="wrap_content"
          android:layout_margin="@dimen/text_margin"
android:text="@string/large_text" />

</android.support.v4.widget.NestedScrollView>
```

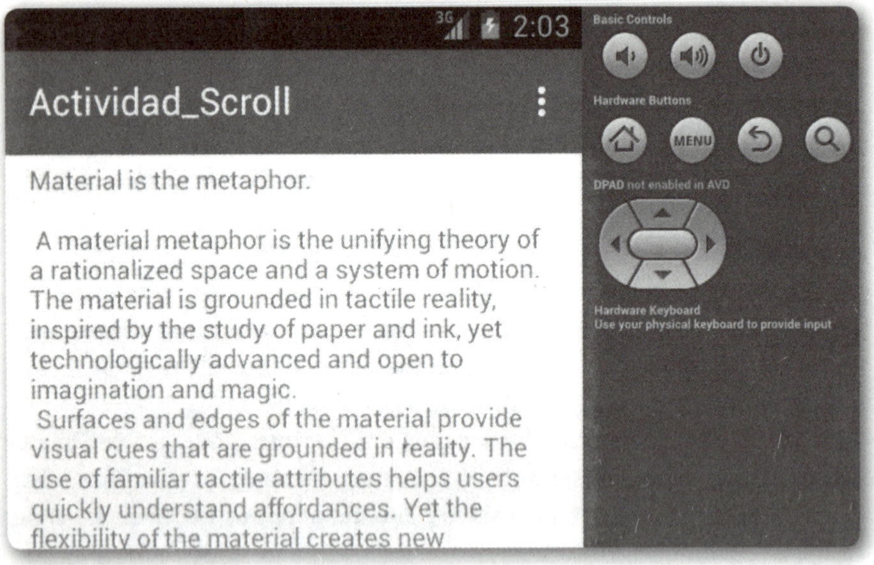

Figura 25. Es importante recordar que para utilizar texto muy largo como en este ejemplo, tenemos que crearlo primero en el archivo `strings.xml`.

Actividad con configuración

Esta actividad (**Settings Activity**) nos permite crear fácilmente opciones de configuración en nuestro proyecto, permitiéndole al usuario configurar opciones básicas sobre el funcionamiento de nuestra aplicación. Estas preferencias se muestran al usuario a través de un menú.

Para modificar el ejemplo que viene incluido en Android Studio y adaptarlo a nuestro proyecto, el sistema nos crea cuatro archivos dentro de la carpeta **xml** del directorio **res**. Estos archivos son: **pref_data_sync.xml**, que corresponde a la opción **Data & Sync** (sincronización y datos); **pref_general.xml**, correspondiente a la opción **General**

GOOGLE ANALYTICS

En el año 2005 Google compró la empresa Urchin Software Corp., creadora de la herramienta **Google Analytics**, que se encuentra integrada a **Admob**, y mediante la cual podemos realizar diferentes análisis en tiempo real, como por ejemplo cuánto dinero hemos obtenido, número de usuarios que han visitado un sitio, contenidos visitados, tiempo de permanencia en una página, entre otros.

(configuración general); **pref_headers.xml**, que nos permite modificar los cabezales de cada opción del menú, como ser los iconos y el título; y, por último, el archivo **pref_notification.xml**, que nos permite modificar la opción del menú **notifications** (notificaciones).

Por otro lado, como vimos en este mismo capítulo, todo el texto que incluyen las distintas opciones, está incluido en el archivo **strings.xml** de la carpeta **values**. Por último, el archivo **SettingActivity.java**, que se encuentra dentro de la carpeta **java**, va a ser el encargado de tener en su interior toda la configuración de las distintas funciones para el desarrollo de las diferentes configuraciones del menú.

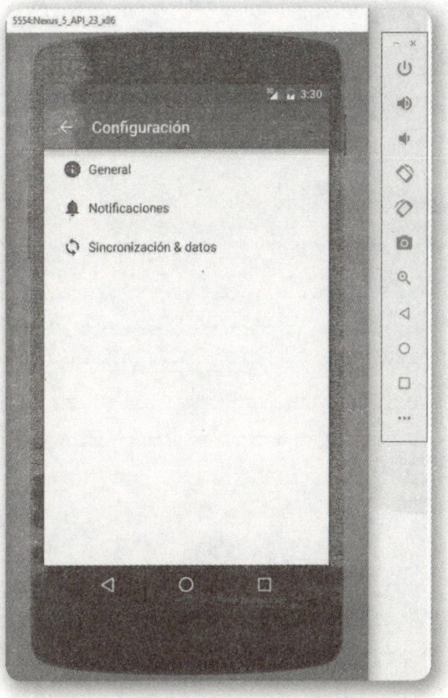

Figura 26. Con **Settings Activity** podemos agregarle a nuestra aplicación opciones para que el usuario pueda configurar la aplicación a su gusto.

Actividad con pestañas

Esta actividad (**Tabbed Activity**) nos permite crear distintos tipos de pestañas, solapas o —como se dice en programación— **tabs**, para que el usuario pueda acceder a contenido sin necesidad de cambiar de pantalla.

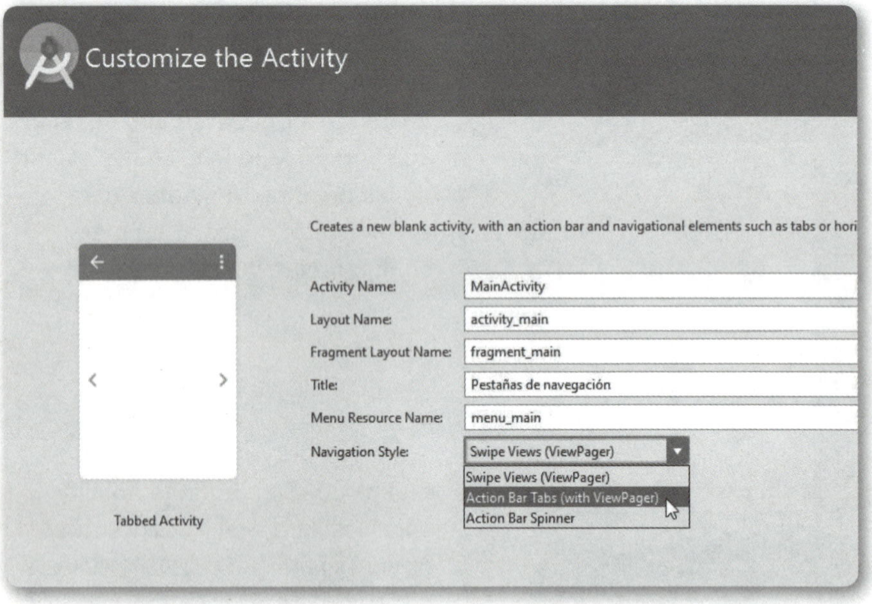

Figura 27. Contamos con tres opciones de menú de pestañas disponibles al crear la actividad **Tabbed Activity.**

Al crear un proyecto nuevo y elegir esta opción (**Tabbed Activity**), en la pantalla de configuración de esta actividad (**Customize the Activity**), tenemos tres alternativas disponibles de menús con pestañas:

- **Swipe Views (ViewPager)**: nos permite ver el contenido de cada sección deslizando con el dedo de izquierda a derecha. Cada paso es el equivalente a una solapa, pestaña o sección.
- **Action Bar Tabs (with ViewPager)**: permite ver la información en forma de pestañas, cada pestaña o tab es una sección.
- **Action Bar Spinner**: este tipo de pestaña nos permite acceder a la información por medio de una lista desplegable, donde cada ítem corresponde a una sección o tab.

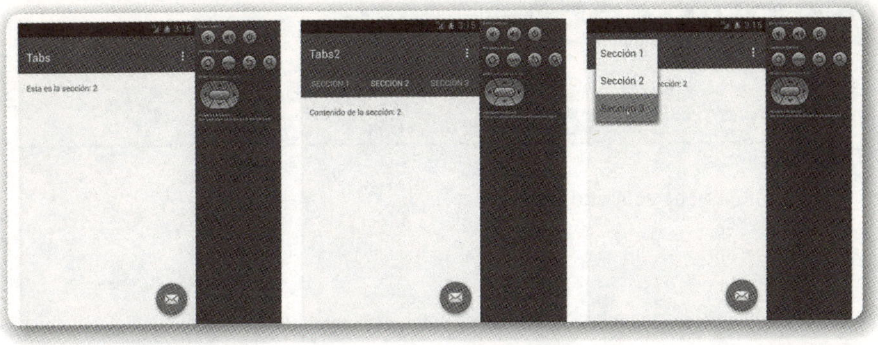

1.Swipe Views 2. Action Bar Tabs 3. Action Bar Spinner

Figura 28. Podemos adaptar el diseño de ejemplo que trae Android Studio de acuerdo con lo que necesitemos en nuestro proyecto.

RESUMEN

En este tercer capítulo aprendimos cómo crear actividades en nuestro proyecto y cuál es el ciclo de vida que estas tienen. Aprendimos cómo realizar la navegación entre las diferentes actividades que componen nuestra aplicación, empleando la herramienta gráfica de Android Studio: el editor de navegación. Posteriormente, conocimos las diferentes plantillas que nos proporciona Android Studio para crear nuestra aplicación.

ACTIVIDADES

TEST DE AUTOEVALUACIÓN

1 ¿Qué es una actividad (*activity*)?

2 ¿Cómo se crea una actividad?

3 ¿Qué importancia tiene crear un menú de navegación?

4 ¿Para qué se puede emplear una actividad de pantalla completa?

5 ¿Qué es Google AdMob?

EJERCICIOS PRÁCTICOS

1 Cree un nuevo proyecto llamado **Navegación**.

2 Agregue dos actividades en blanco y póngales como nombre **Actividad_1** y **Actividad_2**, respectivamente.

3 Agréguele a la actividad 1 un **Large text** que diga **Actividad 1** y un botón que diga **Ir a la Actividad 2**. Agréguele a la actividad 2 un **Large text** que diga **Actividad 2** y un botón que diga **Volver**.

4 Enlace cada una de estas actividades entre sí, empleando el código correspondiente.

5 Obtenga una clave de Google Maps, siguiendo las instrucciones del **Paso a paso** que se detallaron en este capítulo.

04 COMPONENTES DE LA INTERFAZ DE USUARIO

En este capítulo veremos qué es un layout y los distintos tipos disponibles en Android Studio. Explicaremos cómo utilizar las etiquetas TextView y EditText y cómo agregar botones a nuestra aplicación. También aprenderemos a incluir imágenes utilizando el componente ImageView y a agregar un icono a nuestro proyecto. Por último, veremos cómo utilizar los componentes de selección y las listas.

LAYOUTS

Los **layouts** son contenedores no visuales de componentes que nos permiten controlar su distribución, su posición y su tamaño; es decir, posicionar cada componente gráfico en la pantalla del dispositivo. A su vez, cada layout puede contener otros layouts en su interior. Siempre el contenedor principal, de acuerdo con su jerarquía, es llamado **padre** y sus descendientes, **hijos**.

Figura 1. Los **layouts** son componentes no visuales que se encuentran en la carpeta **Layouts** dentro de la paleta de componentes (**Palette**).

Android Studio posee diferentes tipos de layouts que veremos a continuación: **FrameLayout**, **LinearLayout** (horizontal), **LinearLayout** (vertical), **TableLayout**, **TableRow**, **GridLayout** y **RelativeLayout**.

FrameLayout

Este layout coloca los elementos hijos, según la distribución, uno encima del otro, es decir que se agrupan todos en un mismo lugar (la esquina superior izquierda). El **FrameLayout** lo podríamos usar, por ejemplo, cuando tenemos dos componentes y queremos que, de acuerdo con una situación generada, se vea uno o el otro. Esto lo podemos acompañar con la propiedad **visibility** que recibe por valor **visible** o **invisible**.

El código generado —como podemos ver a continuación— ubica los dos componentes, **Button** y **RatingBar**, uno por encima del otro:

```
<FrameLayout
        android:layout_width="match_parent"
        android:layout_height="match_parent"
        android:layout_alignParentTop="true"
        android:layout_alignParentLeft="true"
        android:layout_alignParentStart="true">

        <Button
            android:layout_width="wrap_content"
            android:layout_height="wrap_content"
            android:text="Botón"
            android:id="@+id/button"
            android:layout_gravity="left|top" />

        <RatingBar
            android:layout_width="wrap_content"
            android:layout_height="wrap_content"
            android:id="@+id/ratingBar"
            android:layout_gravity="left|top" />
    </FrameLayout>
```

ATRIBUTO ID

Nos permite establecer el nombre con el que haremos referencia al objeto en el código. No puede haber dos objetos con el mismo ID. Su sintaxis es **"@+id/nombre_recurso"**. Si bien podemos poner cualquier nombre, es conveniente darle a esta propiedad un valor más significativo que sugiera lo que está representando, como, por ejemplo, **"@+id/btn_enviar"**.

Figura 2. El componente **FrameLayout** ubica los componentes hijos uno encima del otro.

Una forma de no encimar los componentes es utilizando la propiedad **layouts:gravity**, es decir, alineándolos con diferentes valores para que no quede uno encima del otro. La propiedad **layouts:gravity** puede recibir más de un valor; de ser así, debemos separarlos con el símbolo **|** (barra). Por ejemplo, si el botón anterior lo queremos alinear a la derecha, entonces la propiedad debería tener por valor **right**, como podemos ver en las siguientes líneas de código:

```
<Button
    android:layout_width="wrap_content"
    android:layout_height="wrap_content"
    android:text="Botón"
    android:id="@+id/button"
    android:layout_gravity="right" />
```

Otros valores que puede tomar la propiedad **layouts:gravity** son:

- **Top**: se alinea al borde superior del contendor.
- **Bottom**: se alinea al borde inferior de su contenedor.
- **Left**: se alinea a la izquierda.
- **Right**: se alinea a la derecha.

- **Center_horizontal**: su alineación es al centro y horizontal.
- **Center_vertical**: su alineación es al centro y vertical.
- **Center**: se alinea al centro de su contenedor.

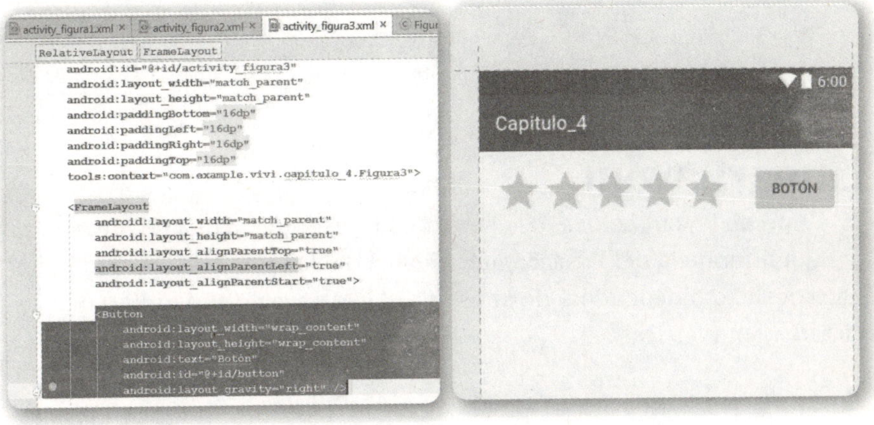

Figura 3. Podemos alinear el componente hijo dentro de un `FrameLayout` con la propiedad `layouts:gravity`.

Otras propiedades interesantes que podemos emplear son la propiedad **layout_width** y **layout_height**, que pueden tomar por valor **match_parent**, que permite al componente tomar el tamaño de su contenedor, y **wrap_content**, que permite al componente tomar la dimensión de su propio contenido.

Figura 4. Con las propiedades `layout_width` y `layout_height` podemos adaptar el tamaño del componente hijo de acuerdo con su contenedor.

```
<Button
    android:layout_width="match_parent"
    android:layout_height="match_parent"
    android:text="Botón"
    android:id="@+id/button"
    android:layout_gravity="left|top" />
```

LinearLayout

Este tipo de layout coloca los elementos hijos uno encima del otro pero, a diferencia del **FrameLayout**, lo hace de dos maneras, horizontal o vertical. Esto dependerá de si usamos **LinearLayout** (horizontal) o **LinearLayout** (vertical).

```
<LinearLayout
        android:orientation="horizontal"
        android:layout_width="match_parent"
        android:layout_height="match_parent"
        android:layout_alignParentTop="true">

        <Button
            android:layout_width="wrap_content"
            android:layout_height="wrap_content"
            android:text="Botón 1"
            android:id="@+id/button2" />

        <Button
            android:layout_width="wrap_content"
            android:layout_height="wrap_content"
            android:text="Botón 2"
            android:id="@+id/button3" />

        <Button
            android:layout_width="wrap_content"
            android:layout_height="wrap_content"
            android:text="Botón 3"
            android:id="@+id/button" />
```

```
    <Button
        android:layout_width="wrap_content"
        android:layout_height="wrap_content"
        android:text="Botón 4"
        android:id="@+id/button4" />
</LinearLayout>
<LinearLayout
    android:orientation="vertical"
    android:layout_width="match_parent"
    android:layout_height="match_parent"
    android:layout_alignParentTop="true">

    <Button
        android:layout_width="wrap_content"
        android:layout_height="wrap_content"
        android:text="Botón 1"
        android:id="@+id/button2" />

    <Button
        android:layout_width="wrap_content"
        android:layout_height="wrap_content"
        android:text="Botón 2"
        android:id="@+id/button3" />

    <Button
        android:layout_width="wrap_content"
        android:layout_height="wrap_content"
        android:text="Botón 3"
        android:id="@+id/button" />

    <Button
        android:layout_width="wrap_content"
        android:layout_height="wrap_content"
        android:text="Botón 4"
        android:id="@+id/button4" />
</LinearLayout>
```

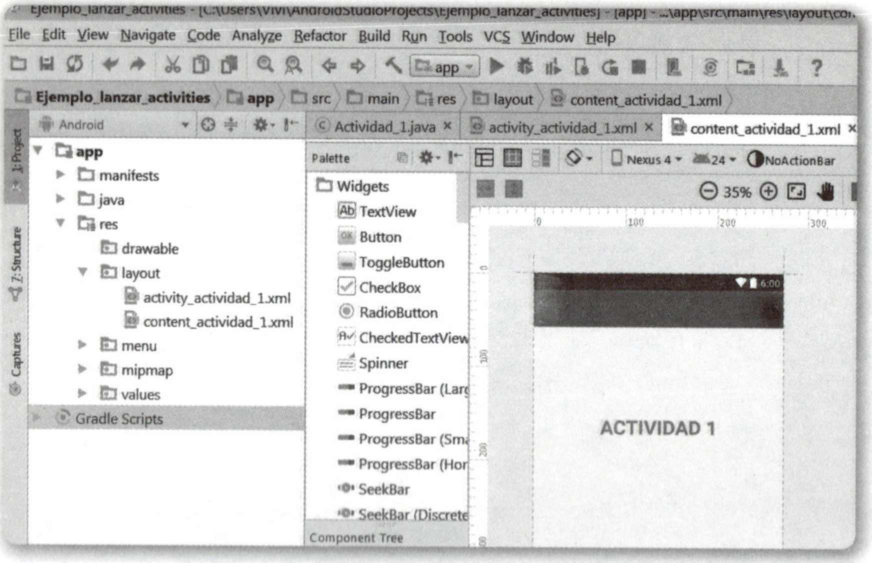

Figura 5. Podemos cambiar la orientación del **LinearLayout** utilizando la propiedad **orientation**.

TableLayout y TableRow

Este tipo de layout nos permite distribuir los componentes hijos en forma de tabla, definiendo las filas y columnas. Para ello utilizamos la etiqueta **TableRow**, como se puede observar en el siguiente código de ejemplo:

```
<TableLayout
        android:layout_width="match_parent"
        android:layout_height="match_parent"
        android:layout_alignParentTop="true"
        android:layout_alignParentRight="true"
```

ROTAR LA PANTALLA

Podemos ver cómo quedará nuestra aplicación cuando nuestro dispositivo se encuentre en posición vertical o en posición horizontal, presionando el botón **Go to next state**, que se encuentra en la barra de herramientas de la vista **Design**, y seleccionando la opción **Portrait** o **Landscape**.

```
android:layout_alignParentEnd="true">

<TableRow
    android:layout_width="match_parent"
    android:layout_height="match_parent">

    <Button
        android:layout_width="wrap_content"
        android:layout_height="wrap_content"
        android:text="Botón 1"
        android:id="@+id/button"
        android:layout_column="0"
        android:singleLine="false" />

    <Button
        android:layout_width="wrap_content"
        android:layout_height="wrap_content"
        android:text="Botón 3"
        android:id="@+id/button3"
        android:layout_column="1" />

</TableRow>

<TableRow
    android:layout_width="match_parent"
    android:layout_height="match_parent">

    <Button
        android:layout_width="wrap_content"
        android:layout_height="wrap_content"
        android:text="Botón 2"
        android:id="@+id/button2"
        android:layout_column="0" />

    <Button
        android:layout_width="wrap_content"
        android:layout_height="wrap_content"
```

```
                    android:text="Botón 4"
                    android:id="@+id/button4"
                    android:layout_column="1" />

            </TableRow>

        </TableLayout>
```

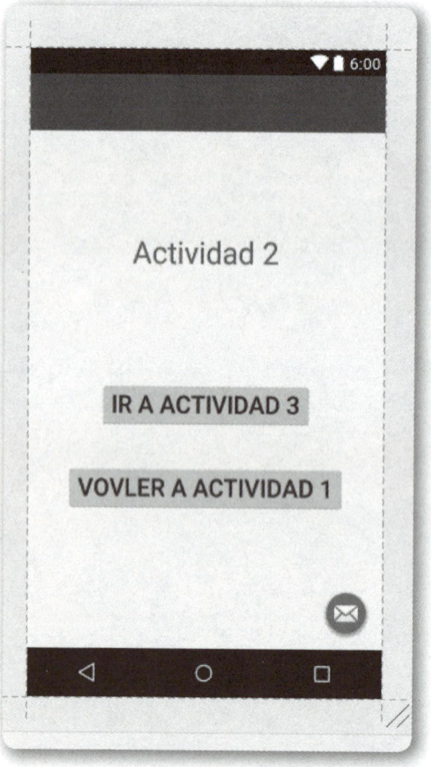

Figura 6. `TableLayout` nos permite agregar contenido en forma de tabla, con filas y columnas.

Tenemos que tener en cuenta que el ancho de la columna lo da siempre el componente hijo que tenga mayor tamaño.

Otra posibilidad es unir columnas; para esto debemos utilizar la propiedad **layout:span**, que indica que esa celda ocupará varias columnas. Así, en el siguiente código de ejemplo podemos ver cómo, en la segunda fila, el **botón 2** ocupa el espacio de dos columnas tras haber añadido a la propiedad **layout:span** el valor **2**: **android:layout_span="2"** tal como explicamos anteriormente.

```
<TableLayout
        android:layout_width="match_parent"
        android:layout_height="match_parent"
        android:layout_alignParentTop="true"
        android:layout_alignParentRight="true"
        android:layout_alignParentEnd="true">

        <TableRow
            android:layout_width="match_parent"
            android:layout_height="match_parent">

            <Button
                android:layout_width="wrap_content"
                android:layout_height="wrap_content"
                android:text="Botón 1"
                android:id="@+id/button"
                android:layout_column="0"
                android:singleLine="false" />

            <Button
                android:layout_width="wrap_content"
                android:layout_height="wrap_content"
                android:text="Botón 3 "
                android:id="@+id/button3"
                android:layout_column="1" />

            <Button
                android:layout_width="wrap_content"
                android:layout_height="wrap_content"
                android:text="Botón 4"
                android:id="@+id/button5"
                android:layout_column="2" />

        </TableRow>

        <TableRow
            android:layout_width="match_parent"
            android:layout_height="match_parent">

            <Button
```

```
            android:layout_width="wrap_content"
            android:layout_height="wrap_content"
            android:text="Botón 2"
            android:id="@+id/button2"
            android:layout_column="0"
            android:layout_span="2" />

        <Button
            android:layout_width="wrap_content"
            android:layout_height="wrap_content"
            android:text="Botón 5"
            android:id="@+id/button4"
            android:layout_column="1" />

    </TableRow>

</TableLayout>
```

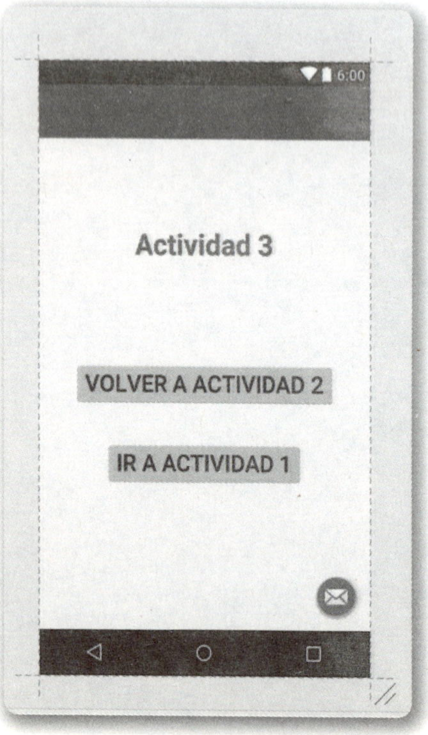

Figura 7. Con la propiedad **layout:span** podemos unir varias columnas, como se puede observar en esta imagen.

Además, la propiedad **CollapseColumns** nos permite ocultar columnas. Siguiendo con el ejemplo anterior, si escribiéramos **android:collapseColumns = "2"**, esto haría que se ocultara la columna número 2, es decir, el **botón 4** y el **botón 5**.

Tenemos que tener en cuenta que las columnas comienzan a contarse desde el número 0 y no desde el 1. Por eso, si queremos ocultar la última columna (columna 3) debemos pasar por valor el número 2, ya que la primera columna es la 0, la segunda columna es la 1 y la tercera columna es la número 2.

Otra propiedad también interesante es la propiedad **strechColumns**, que le indica a la columna utilizar todo el ancho disponible, ocupándolo en su totalidad. Por ejemplo, si agregamos **Android:strechColumns="0"**, veríamos que la columna del **botón 1** y del **botón 2** serían más grandes, ya que estarían abarcando el ancho total de esta.

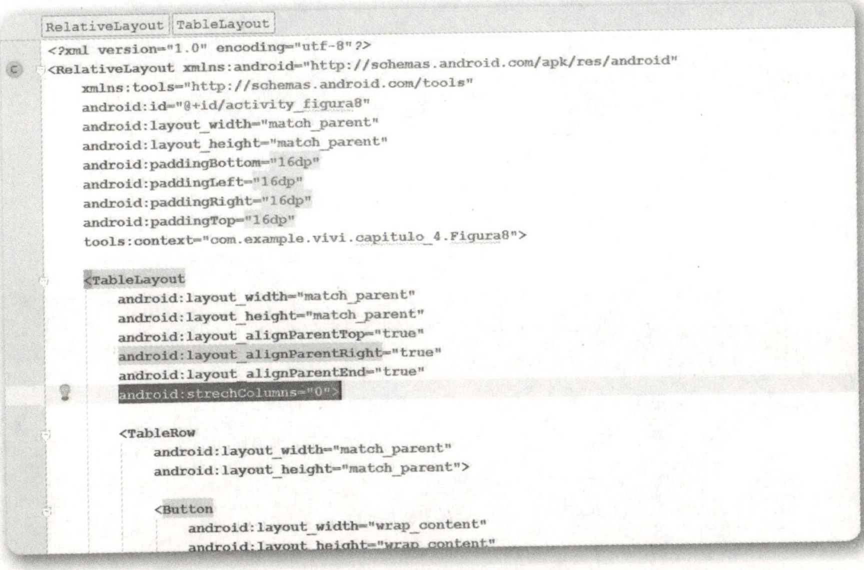

Figura 8. Para ocupar todo el ancho de la columna debemos utilizar la propiedad **StrechColumns**.

Como pudimos observar en los ejemplos anteriores, cada vez que insertamos una fila debemos hacerlo con la etiqueta **TableRow** y, a partir de ahí, agregar los demás componentes hijos, o bien agregar el componente **TableRow** desde la paleta **Layouts** en la vista de diseño (**Design**).

GridLayout

Este layout es muy similar al **TableLayout**: ambos nos permiten distribuir los componentes hijos en forma de tabla. Pero, a diferencia de este, con **GridLayout** distribuimos los elementos (componentes) en forma de filas y columnas utilizando las propiedades **rowCount** y **columnCount**, respectivamente.

```
<GridLayout
        android:layout_width="match_parent"
        android:layout_height="match_parent"
        android:layout_alignParentTop="true"
        android:layout_alignParentLeft="true"
        android:layout_alignParentStart="true"
        android:columnCount="2"
        android:rowCount="2">

        <Button
            android:layout_width="wrap_content"
            android:layout_height="wrap_content"
            android:text="Botón 1"
            android:id="@+id/button3"
            android:layout_row="0"
            android:layout_column="0" />

        <Button
            android:layout_width="wrap_content"
            android:layout_height="wrap_content"
            android:text="Botón 3"
            android:id="@+id/button4"
```

COLORES

Cuando seleccionamos la propiedad **background,** por ejemplo, de un layout, en la paleta de colores veremos el valor **#FFFFFFFF**, que está codificado. Esto se debe a que Android describe los códigos de color utilizando un código hexadecimal (base 16). El empleo de códigos hexadecimales, en teoría, permite la definición de hasta **16.772.216** colores diferentes.

```
            android:layout_row="1"
            android:layout_column="0" />

        <Button
            android:layout_width="wrap_content"
            android:layout_height="wrap_content"
            android:text="Botón 2"
            android:id="@+id/button2"
            android:layout_row="0"
            android:layout_column="1" />

</GridLayout>
```

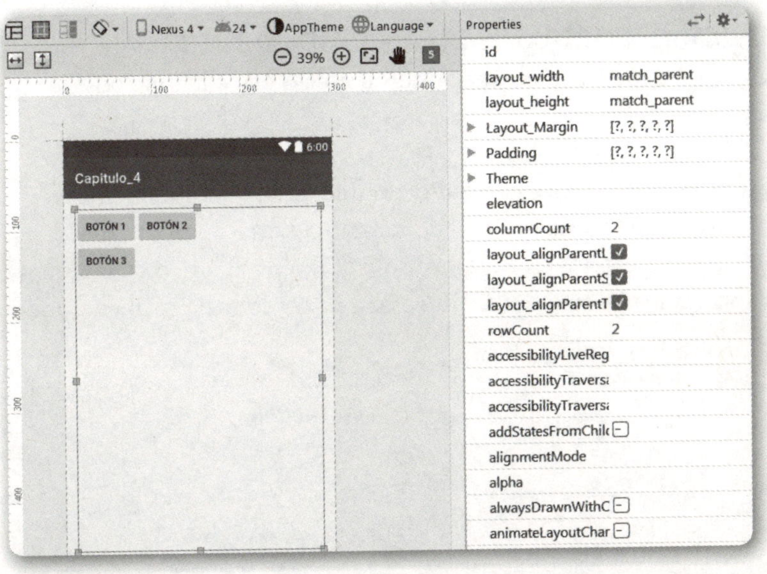

Figura 9. Con el componente **GridLayout** podemos definir columnas y filas para ubicar el contenido en forma de tabla.

RelativeLayout

Con este componente podemos ubicar los componentes hijos de acuerdo con la posición del padre o de cualquier otro elemento dentro del layout. Para lograrlo, utilizamos varias propiedades que nos permitirán posicionar dichos componentes de diferentes modos.

Posición relativa al padre

Según la posición del padre, las propiedades son:

- **Android:layout_alignParentRight**, alineado a la derecha del contenedor.
- **Android:layout_alignParentLeft**, alineado a la izquierda del contenedor.
- **Android:layout_alignParentBottom**, alineado debajo del contenedor.
- **Android:layout_alignParentTop**, alineado encima del contenedor.
- **Android:layout_centerHorizontal**, centrado horizontalmente respecto del contenedor.
- **Android:layout_centerVertical**, centrado verticalmente respecto del contenedor.
- **Android:layout_centerInParent**, alineado al centro del contenedor.

Posición relativa a otro componente

Las propiedades que nos permiten ponerlo en relación con otro componente son:

- **Android:layout_above**, alineado encima de otro componente.
- **Android:layout_below**, alineado debajo de otro componente.
- **Android:layout_toLeftOf**, alineado a la izquierda de otro componente.
- **Android:layout_toRightOf**, alineado a la derecha de otro componente.

```
<RelativeLayout
        android:layout_width="match_parent"
        android:layout_height="match_parent"
        android:layout_alignParentTop="true"
        android:layout_alignParentLeft="true"
        android:layout_alignParentStart="true">

        <Button
            android:layout_width="wrap_content"
            android:layout_height="wrap_content"
            android:text="Botón 1"
            android:id="@+id/button"
            android:layout_alignParentTop="true"
            android:layout_alignParentLeft="true"
            android:layout_alignParentStart="true"
```

```
            android:layout_marginLeft="30dp"
            android:layout_marginStart="30dp"
            android:layout_marginTop="30dp"
            android:textColor="#fffcf5"
            android:background="#6b9aff" />

        <Button
            android:layout_width="wrap_content"
            android:layout_height="wrap_content"
            android:text="Botón 2"
            android:id="@+id/button2"
            android:layout_toRightOf="@+id/button"
            android:layout_marginTop="51dp" />

    </RelativeLayout>
```

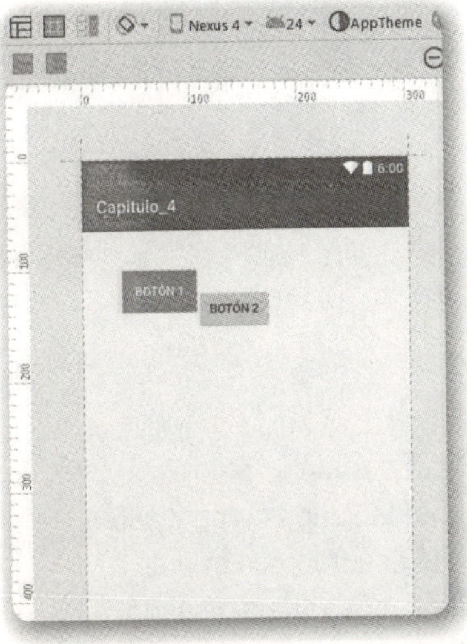

Para cambiar la posición de un componente respecto de otro, debemos siempre pasarle por valor el ID (identificador) del componente con el cual queremos que se alinee. Por eso, en el ejemplo anterior, a la propiedad **Android:layout_toRightOf**, le pasamos por valor **"@+id/button"**, que es el identificador del **botón 1**.

Figura 10. Podemos observar que, con la propiedad **Android:layout_toRightOf**, el botón 2 se ubica a la derecha del botón 1.

DISPOSITIVOS

Si queremos tener una idea de cómo se va a visualizar nuestra aplicación, ya sea en un teléfono, en un reloj inteligente, en un televisor o en una tablet, podemos usar el botón **The virtual device to render the layout with**, que se encuentra en la barra de herramientas de la vista **Design**.

TEXTO

En Android Studio tenemos dos tipos de texto con los cuales podemos trabajar. En primer lugar, el texto para mostrar información al usuario (**textView**) y, en segundo lugar, el texto que ingresa el usuario (**editText**) para ser procesado por los desarrolladores.

TextView

Dentro de la paleta de componentes (**Palette**), en la carpeta **Widgets**, encontramos cuatro tipos de componentes utilizados para mostrar información al usuario:

- **Plain TextView**: texto plano o normal.
- **Large Text**: texto largo o grande, generalmente utilizado para títulos.
- **Medium Text**: texto mediano.
- **Small Text**: texto pequeño.

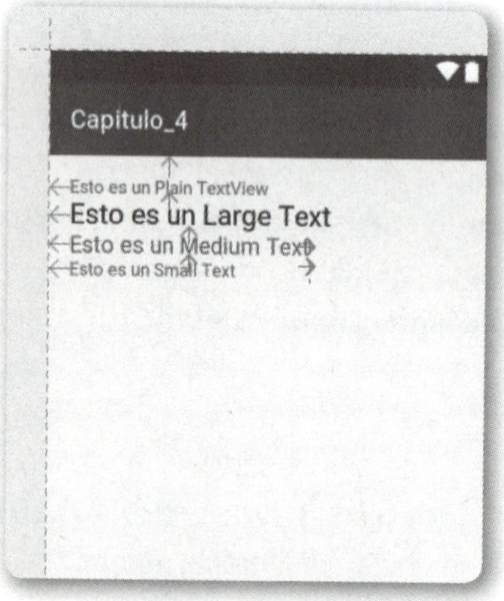

Figura 11. En Android Studio disponemos de varios componentes de texto, de acuerdo con lo que necesitemos mostrarle al usuario.

```
<TextView
        android:layout_width="wrap_content"
        android:layout_height="wrap_content"
        android:text="Esto es un Plain TextView"
        android:id="@+id/textView"
```

```
        android:layout_alignParentTop="true"
        android:layout_alignParentLeft="true"
        android:layout_alignParentStart="true" />

    <TextView
        android:layout_width="wrap_content"
        android:layout_height="wrap_content"
        android:textAppearance="?android:attr/textAppear-
anceLarge"
        android:text="Esto es un Large Text"
        android:id="@+id/textView2"
        android:layout_below="@+id/textView"
        android:layout_alignParentLeft="true"
        android:layout_alignParentStart="true" />

    <TextView
        android:layout_width="wrap_content"
        android:layout_height="wrap_content"
        android:textAppearance="?android:attr/textAppear-
anceMedium"
        android:text="Esto es un Medium Text"
        android:id="@+id/textView3"
        android:layout_below="@+id/textView2"
        android:layout_alignParentLeft="true"
        android:layout_alignParentStart="true" />

    <TextView
        android:layout_width="wrap_content"
        android:layout_height="wrap_content"
        android:textAppearance="?android:attr/textAppearanc-
eSmall"
        android:text="Esto es un Small Text"
        android:id="@+id/textView4"
        android:layout_below="@+id/textView3"
        android:layout_alignRight="@+id/textView3"
        android:layout_alignEnd="@+id/textView3"
        android:layout_alignParentLeft="true"
        android:layout_alignParentStart="true" />
```

Como podemos observar en el código anterior, todos los componentes de texto deben comenzar con la etiqueta **TextView**; cualquiera sea el componente de texto, siempre se utiliza esta etiqueta. Lo único que debemos cambiar es la propiedad **android:textAppearance**, pasándole por valor el tipo de texto que vayamos a escribir: **/textAppearenceLarge** para **Large Text**, **/textAppearenceMedium** para **Medium Text** y **/textAppearenceSmall** para **Small Text**. Por defecto, para **Plain TextView** no hace falta definir esta propiedad. Y si usamos la vista de diseño (**Design**), lo único que tenemos que hacer es arrastrar el componente a la pantalla del dispositivo.

En la **Tabla 1**, mencionamos algunas de las propiedades que podemos utilizar para cambiar el estilo y la visibilidad de los componentes de texto.

PROPIEDADES DE TEXTO MÁS IMPORTANTES

▼ PROPIEDAD	▼ FUNCIÓN
TextColor	Cambia el color del texto.
Background	Cambia el color de fondo del texto.
Editable	Permite que el usuario modifique el texto.
MaxLenght	Permite seleccionar el máximo de caracteres que va a tener el texto.
TextSize	Establece el tamaño del texto.
Visibility	Permite visualizar o no el texto, según si recibe el valor `true` o `false` ('verdadero' o 'falso'), respectivamente.

Tabla 1. Principales propiedades que podemos agregarle al texto en Android Studio.

EditText

Si, en cambio, necesitamos que el usuario ingrese texto, debemos utilizar la etiqueta **EditText**, ya que este componente permite la edición y escritura de texto en Android Studio.

Dentro de la paleta de componentes (**Palette**) en la carpeta **Text Fields** (campos de texto), encontramos varios tipos de componentes para el ingreso de texto, que describimos a continuación:

- **Person Name**: permite el ingreso de un nombre o apellido.
- **Password**: permite el ingreso de contraseña, mostrando asteriscos para que no pueda ser visualizada.
- **Password (Numeric)**: permite el ingreso de una contraseña solo con números.
- **E-mail**: permite el ingreso de una dirección de correo.
- **Phone**: permite ingresar un número de teléfono.
- **Postal Address**: permite ingresar un código postal.
- **Multiline Text**: permite el ingreso de varias líneas de texto.
- **Time**: permite el ingreso de una hora.
- **Date**: permite el ingreso de una fecha.
- **Number**: permite el ingreso de solo números.
- **Number (Signed)**: permite el ingreso de números negativos y positivos.
- **Number (Decimal)**: permite el ingreso de números decimales.

A partir de estas opciones, el sistema operativo facilita el ingreso de datos al usuario, cambiando la disposición del teclado. Así, en el caso de que el usuario deba ingresar números o un e-mail, aparece el teclado numérico e incluye símbolos como la arroba. En los casos en que se deben consignar fechas, la pantalla muestra un calendario que lo facilita.

Figura 12. Android Studio posee varias formas de ingreso de texto para hacerle al usuario más simple su experiencia con la interfaz.

En el modo texto (**Text**), podemos observar que siempre se agrega la etiqueta **EditText** cuando hacemos referencia a componentes de entrada de texto. En el siguiente código de ejemplo se observan dos componentes: **textPassword** (contraseña) y **date** (fecha).

```
<EditText
        android:layout_width="wrap_content"
        android:layout_height="wrap_content"
        android:inputType="textPassword"
        android:ems="10"
        android:id="@+id/editText"
        android:layout_below="@+id/editText2"
        android:layout_alignParentLeft="true"
        android:layout_alignParentStart="true"
        android:hint="Password" />

<EditText
        android:layout_width="wrap_content"
        android:layout_height="wrap_content"
        android:inputType="date"
        android:ems="10"
        android:id="@+id/editText9"
        android:layout_below="@+id/editText8"
        android:layout_alignParentLeft="true"
        android:layout_alignParentStart="true"
        android:hint="Fecha" />
```

PROPIEDAD "HINT"

La propiedad **Android:hint**, similar a la propiedad **placeholder** de HTML, nos permite ofrecerle una ayuda al usuario para que sepa qué escribir dentro de un determinado componente y, así, ahorrar espacio, en especial, en teléfonos inteligentes. A esta propiedad le debemos indicar el texto que queremos que le sirva de orientación al usuario. Por ejemplo, **Android:hint="Ingrese su nombre"**.

Valores constantes (strings.xml)

Dentro de la carpeta **res** (recursos) de nuestra aplicación, disponemos de una carpeta llamada **values** (valores), en cuyo interior se encuentra el archivo **strings.xml**. Dentro de ese archivo se guardan todas las cadenas de caracteres que va a necesitar nuestra aplicación, como por ejemplo, mensajes y textos. Están disponibles cada vez que los necesitemos, sin necesidad de volverlos a escribir. Si necesitamos hacer una modificación, la hacemos dentro de este archivo, y el cambio se ve reflejado en todos los textos a los cuales hace referencia. Si quisiéramos definir, por ejemplo, el mensaje "**Hola, estoy aquí**", tendríamos que escribir el siguiente código:

```
<resources>
    <string name="app_name">MiAplicacion</string>

    <string name="hello_world">Hello world!</string>
    <string name="action_settings">Settings</string>
    <string name="hola_estoy_aqui">Hola, estoy aquí</string>
</resources>
```

Podemos observar, en la última línea de código (antes del cierre de la etiqueta **resources**), cómo definimos, mediante la etiqueta **string** y la propiedad **name**, el nombre que va a tener esta cadena de texto (con el que la vamos a llamar en el modo de diseño); y luego le agregamos un valor (**Hola, estoy aquí**), que es el que se le va a mostrar al usuario.

Después de hacer este paso, vamos al **activity** de nuestra aplicación y agregamos un **Large Text**. Vamos luego al panel **Propiedades**, y hacemos clic sobre el botón con tres puntos que se encuentra a la derecha de la propiedad **text**.

A continuación, se nos abrirá otra ventana con los recursos de texto del proyecto. Allí buscamos el que agregamos recientemente (**hola_estoy_aqui**), lo seleccionamos y presionamos el botón **OK**. En seguida veremos cómo el componente de texto (**Large Text**) incluye la frase **Hola, estoy aquí**, ya que ha quedado enlazado al texto que figura en el archivo **strings.xml**.

STRINGS.XML ES EL ARCHIVO DONDE SE GUARDAN LAS CADENAS DE TEXTO DE NUESTRA APP

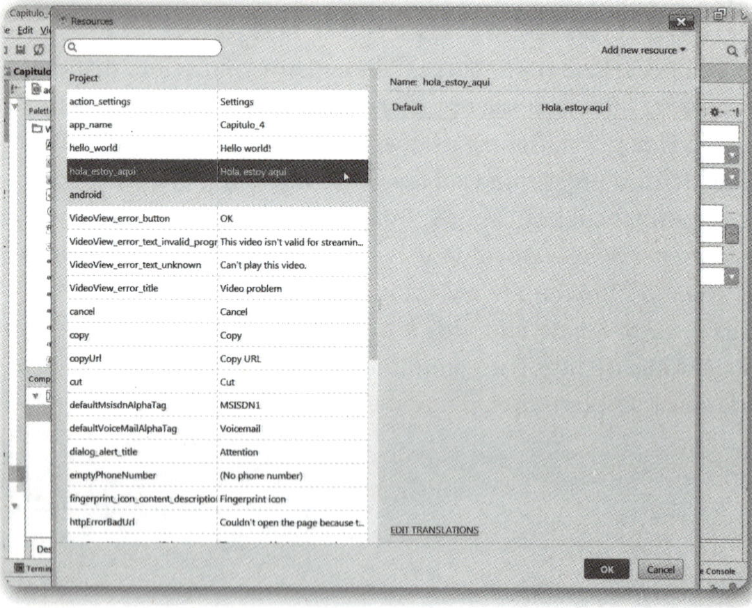

Figura 13. Podemos agregar valores constantes en el archivo `strings.xml`, para después utilizarlos dentro de la aplicación.

Traducción de la aplicación

Otra opción interesante y muy útil es agregar a nuestra aplicación la posibilidad de que esté disponible para varios idiomas. Para esto, también haremos uso del archivo **strings.xml**.

En la barra de herramientas de la vista diseño, dentro de la actividad que estemos editando, hacemos clic en el icono azul **Language** y luego en la opción **Edit Translation**. Al hacer esto, se abre el editor de traducciones (**Translations Editor**), donde nos encontramos con las cadenas de texto que vimos anteriormente en el archivo **strings.xml**. Allí, hacemos clic en el botón con la imagen del mundo azul (**Add Locale**), que se encuentra en la barra de herramientas de esta ventana.

Se nos abre una lista con todos los idiomas disponibles para realizar la traducción, en nuestro caso elegimos el inglés (**English (en)**). Al archivo que teníamos abierto se le agrega una nueva opción **English (en)**, donde podemos escribir la traducción de la o las cadenas de texto que tengamos definidas previamente en el archivo **strings.xml**. Incluso podemos incorporar nuevas cadenas de texto haciendo clic sobre el botón verde con el signo **+ (Add Key)** de la barra de herramientas. Podemos observar, también, que se agregó un nuevo archivo dentro de la carpeta **values**, llamado también **strings.xml**, con la imagen de la bandera de Estados Unidos. Esto nos hace notar que ese archivo —a diferencia del otro **strings.xml**— corresponde a la traducción en inglés.

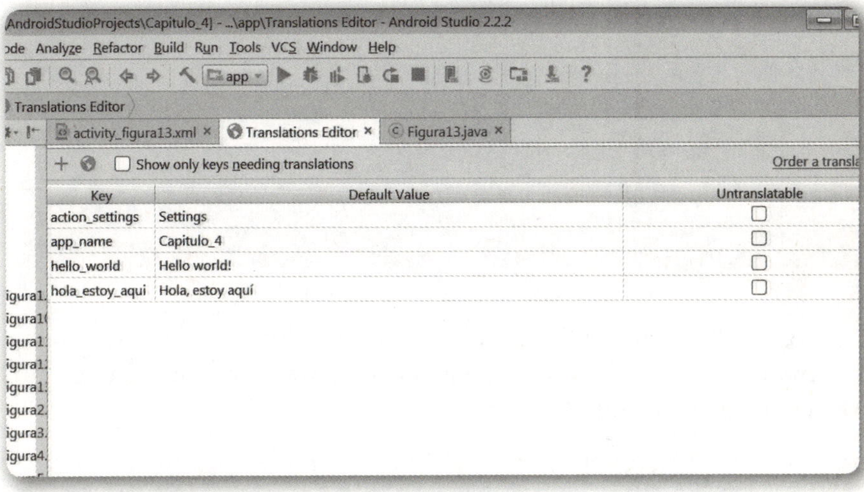

Figura 14. Es muy simple agregarle una traducción a nuestra aplicación haciendo uso del archivo `strings.xml`.

BOTONES

Los botones son los componentes más comunes dentro de un entorno de desarrollo. En Android Studio disponemos de cuatro tipos de botones: **button** (botón común), **small button** (botón pequeño), **toggle Button** (botón activado) e **image button** (botón con imagen).

OTRAS PROPIEDADES PARA TEXTOS

Con la propiedad **textColorHighlight** cambiamos el color del texto resaltado. Para cambiar el color del texto de sugerencia que figura en un campo vacío, usamos la propiedad **textColorHint**. Por otra parte, la propiedad **textColorLink** la usamos para cambiar el color de un enlace.

El botón común o básico, el que quizás más usemos, simplemente tiene un texto en el interior. También podemos optar por dos tamaños, el normal (**button**) o uno más pequeño (**small button**).

```
<Button
        android:layout_width="wrap_content"
        android:layout_height="wrap_content"
        android:text="Botón básico"
        android:id="@+id/button"
        android:layout_alignParentTop="true"
        android:layout_alignParentLeft="true"
        android:layout_alignParentStart="true" />
```

ToggleButton es un tipo de botón que permite solo dos estados, encendido o apagado (**on** - **off**), que nos permiten tomar decisiones según la opción elegida por el usuario.

```
<ToggleButton
        android:layout_width="wrap_content"
        android:layout_height="wrap_content"
        android:text="New ToggleButton"
        android:id="@+id/toggleButton"
        android:layout_below="@+id/button2"
        android:layout_marginTop="47dp"
        android:textOn="SI"
        android:layout_alignParentLeft="true"
        android:layout_alignParentStart="true"
        android:textOff="NO" />
```

Las propiedades para configurar este botón son **android:textOn** y **android:TextOff** (si esta pulsado o no esta pulsado), que por valor reciben el texto que queremos que visualice el usuario en el botón al activarlo y desactivarlo.

Una última opción que se utiliza mucho son los botones con imágenes (**ImageButton**). La propiedad más importante de este tipo de botones es **android:src**, que recibe por valor la ruta de la imagen que queremos que muestre en su interior. Podemos observar su funcionamiento en el siguiente código de ejemplo.

```
<ImageButton
        android:layout_width="wrap_content"
        android:layout_height="wrap_content"
        android:id="@+id/imageButton"
        android:layout_below="@+id/toggleButton"
        android:layout_alignLeft="@+id/toggleButton"
        android:layout_alignStart="@+id/toggleButton"
        android:layout_marginTop="48dp"
        android:src="@mipmap/ic_launcher" />
```

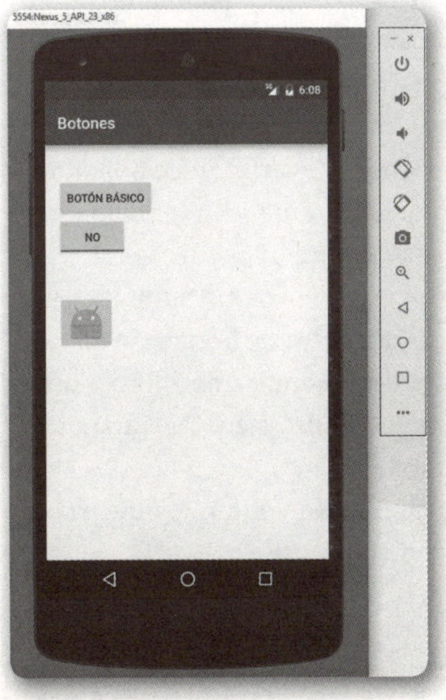

Figura 15. Disponemos de distintos tipos de botones, como podemos observar en esta imagen.

VISTA PREVIA EN UNA VERSIÓN DE ANDROID

En la vista **Design**, si hacemos clic en el botón **Android version to use when rendering layouts in the IDE** (icono de Android que se encuentra en la barra de herramientas), podremos observar cómo quedaría nuestra aplicación según la versión de Android que tenga el dispositivo que vamos a utilizar.

IMÁGENES

Toda aplicación —ya sea para Android u otro sistema operativo— cuenta con imágenes. En Android Studio es muy simple agregar imágenes a nuestro proyecto: el secreto consiste en saber en dónde se guardan, ya que es importante siempre tener nuestra aplicación organizada.

Dentro de la carpeta de recursos (**res**) encontramos la carpeta **drawable**, y es ahí en donde se almacenan las imágenes de nuestro proyecto. De acuerdo con la resolución que tengan, podemos contar con varias imágenes distribuidas en distintas carpetas (para los diferentes dispositivos en los que este sistema operativo funciona: tablets, teléfonos, televisores, etcétera). Las carpetas que tendremos que crear según la resolución de pantalla son las siguientes: **drawable-ldpi** (densidad baja), **drawable-mdpi** (densidad media), **drawable-hdpi** (densidad alta), **drawable-xhdpi** (densidad extra-alta) y **drawable-xxhdpi** (densidad extra-extra alta). Para agregar una imagen, primero tenemos que arrastrarla y soltarla en la carpeta **drawable**; allí se nos abrirá un cuadro de diálogo que nos preguntará a qué directorio queremos moverla. Seleccionamos un directorio (es recomendable que sea cualquiera de los mencionados anteriormente), aceptamos y la imagen se agregará a la carpeta.

Luego, en la vista de diseño (**Design**), agregamos el componente **ImageView** de la paleta de componentes (**Palette**), que está dentro de la carpeta **Widgets**. Con la propiedad **src** (del componente **ImageView**) le indicamos la ruta donde se encuentra ubicada la imagen dentro de nuestro proyecto. Aceptamos y ya podremos ver nuestra imagen en la vista de diseño.

Si quisiéramos agregar la imagen por medio de código, es decir, por la pestaña **Text**, tendríamos que escribir lo siguiente:

```
<ImageView
        android:layout_width="wrap_content"
        android:layout_height="wrap_content"
        android:id="@+id/imageView2"
        android:layout_alignParentTop="true"
        android:layout_toRightOf="@+id/imageView"
        android:layout_toEndOf="@+id/imageView"
        android:layout_marginTop="47dp"
        android:src="@drawable/argentina" />
```

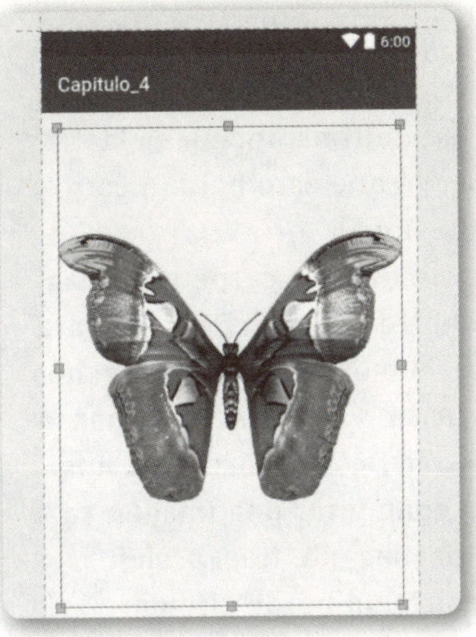

En la propiedad **android:src** debemos indicar la ruta en donde se encuentra ubicada nuestra imagen: en este ejemplo, dentro de la carpeta **drawable**, por eso escribimos **"@ drawable/argentina"**.

Figura 16. Para agregar una imagen, solamente debemos usar el componente **ImageView**.

Si queremos que la imagen se adapte al ancho de su contenedor, debemos utilizar la propiedad **layout:width="wrap_content"**. Y para que se adapte al alto de su contenedor, **layout:height="wrap-content"**. Si queremos que la imagen esté centrada y recortada para ajustar sus proporciones, podemos utilizar la propiedad **scaleType="centerCrop"**.

Agregar el icono de la aplicación

Contar con un icono para nuestra aplicación es importante, ya que, con él, el usuario podrá identificar y diferenciar nuestra aplicación del resto. Además, el icono se va a utilizar en la tienda de aplicaciones para realizar la descarga de la aplicación.

DENSIDAD DE PANTALLA

En el mercado nos encontramos con diferentes dispositivos móviles, los cuales pueden tener el mismo tamaño físico de pantalla, pero diferente resolución, es decir, tienen diferente cantidad de puntos en el área de pantalla. A mayor cantidad de puntos, mayor calidad tendrá la imagen. Las densidades de pantalla en Android son **lpi** (baja), **mdpi** (media), **hdpi** (alta) y **xhdpi** (extra-alta). Para más información, podemos consultar el siguiente sitio web: **http://developer.android.com/intl/es/guide/practices/screens_support.html**

PODEMOS ELEGIR UN ICONO DE LOS QUE TRAE ANDROID STUDIO O AGREGAR UNA IMAGEN NUEVA

Podemos agregar un icono de los que trae Android Studio, o bien diseñar uno nosotros mismos. Esta última opción es la que recomendamos, ya que esto hará nuestra aplicación más profesional.

Los iconos se guardan en la carpeta **mipmap**, que se encuentra dentro de la carpeta **res**. Para agregar un icono, debemos hacer clic derecho sobre la carpeta **mipmap**, y luego seleccionar la opción **New Image Asset.** De esta forma, se nos abrirá una ventana en donde podremos configurar una imagen ya establecida por el sistema dentro de todas las que trae, o bien agregar una nueva. También podemos darle un borde circular, cuadrado, vertical u horizontal.

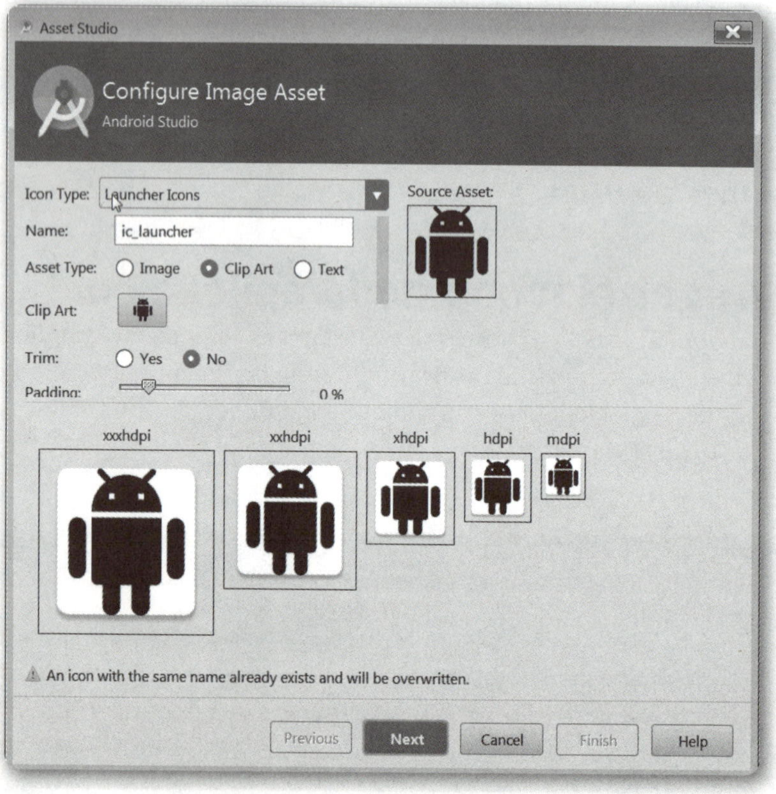

Figura 17. Desde la ventana **Asset Studio** podemos agregar un icono a nuestra aplicación.

Figura 18. Una vez que agregamos el nuevo icono a la aplicación, podremos visualizarlo dentro de las aplicaciones del dispositivo.

COMPONENTES DE SELECCIÓN

Los componentes de selección, **checkbox** y **radioButton**, se utilizan en programación para darle al usuario la posibilidad de elegir entre una o varias opciones. Si debe optar por una opción, entonces utilizaremos el componente **RadioButton** (**botón de opción**), que solo permite seleccionar un elemento entre varios. En cambio, si el usuario puede elegir varias opciones, en ese caso debemos utilizar el componente **checkbox** (**casilla de verificación**).

DENSITY INDEPENDENT PIXELS

Dp (**density independent pixels**, en español, 'densidad de pixeles independientes') es una unidad de medida de pantalla. Se basa en la densidad física de la pantalla y es utilizada para asegurar la ubicación y proporción de los elementos según la resolución de pantalla donde se visualice la aplicación. Un dp equivale a un pixel en una pantalla con una densidad de 160 dpi (pixel por pulgada física de pantalla).

Para agregar un botón de opción, debemos tener presente que todo componente **RadioButton**, como está agrupado, primero debe tener un contenedor. Por lo tanto, buscamos dentro de la paleta de componentes, la carpeta **Containers** y, dentro de esta, el componente **RadioGroup**, que nos va a servir para tener los botones de opción agrupados y que solo permitan seleccionar una opción entre varias. Después debemos agregar los componentes **radioButton** desde la carpeta **Widgets**, uno por cada opción que establezcamos.

Si lo hacemos desde la vista **Text**, debemos escribir el siguiente código:

```
<LinearLayout
        android:orientation="horizontal"
        android:layout_width="match_parent"
        android:layout_height="match_parent"
        android:layout_alignParentTop="true"
        android:layout_alignParentLeft="true"
        android:layout_alignParentStart="true"
        android:layout_marginTop="35dp">

        <RadioGroup
            android:layout_width="match_parent"
            android:layout_height="45dp"
            android:orientation="horizontal">

        <RadioButton
            android:layout_width="wrap_content"
            android:layout_height="wrap_content"
            android:text="Masculino"
            android:id="@+id/radioButton"
            android:longClickable="false"
            android:checked="true" />

        <RadioButton
            android:layout_width="wrap_content"
            android:layout_height="wrap_content"
            android:text="Femenino"
            android:id="@+id/radioButton2" />
```

```
    </RadioGroup>
</LinearLayout>
```

Podemos observar en el código anterior que, primero, agregamos un **LinearLayout**, para que los elementos queden ordenados de manera horizontal. Después, añadimos una etiqueta **RadioGroup** que, como explicamos anteriormente, nos va a servir para agrupar los botones de opción. Por último, incorporamos los **radioButton** (en este ejemplo, solo dos).

Además, para que todos los elementos del **RadioGroup** estén en posición horizontal, a esta etiqueta le agregamos la propiedad **android:orientation="horizontal"**. Y al **RadioButton** que queremos que esté seleccionado por defecto, le adjudicamos la propiedad **android: checked="true"**. En este ejemplo, la opción que queda seleccionada es "Masculino", como vemos en la **Figura 19**.

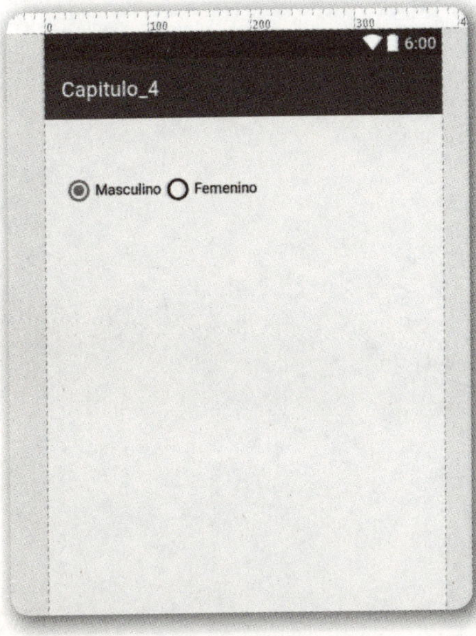

Figura 19. El componente **RadioButton** solo permite seleccionar una opción entre varias.

En cuanto a las casillas de verificación, como ya mencionamos, le permiten al usuario hacer una selección entre varias opciones. Veamos cómo es el código para crearlas:

```
<LinearLayout
    android:orientation="vertical"
    android:layout_width="match_parent"
    android:layout_height="match_parent"
    android:layout_alignParentTop="true"
```

```
        android:layout_alignParentLeft="true"
        android:layout_alignParentStart="true"
        android:layout_marginTop="35dp">

        <CheckBox
            android:layout_width="wrap_content"
            android:layout_height="wrap_content"
            android:text="Naranja"
            android:id="@+id/checkBox" />

        <CheckBox
            android:layout_width="wrap_content"
            android:layout_height="wrap_content"
            android:text="Manzana"
            android:id="@+id/checkBox2"
            android:checked="true" />

        <CheckBox
            android:layout_width="wrap_content"
            android:layout_height="wrap_content"
            android:text="Banana"
            android:id="@+id/checkBox3" />

        <CheckBox
            android:layout_width="wrap_content"
            android:layout_height="wrap_content"
            android:text="Pera"
            android:id="@+id/checkBox4"
            android:checked="true" />
    </LinearLayout>
```

SELECCIONAR OBJETOS

Cuando queremos seleccionar componentes en la vista **Design** de Android Studio, lo podemos realizar de diferentes maneras: haciendo clic sobre este, o bien empleando el panel Component Tree, donde visualizamos todos los componentes que hemos agregado a nuestra aplicación.

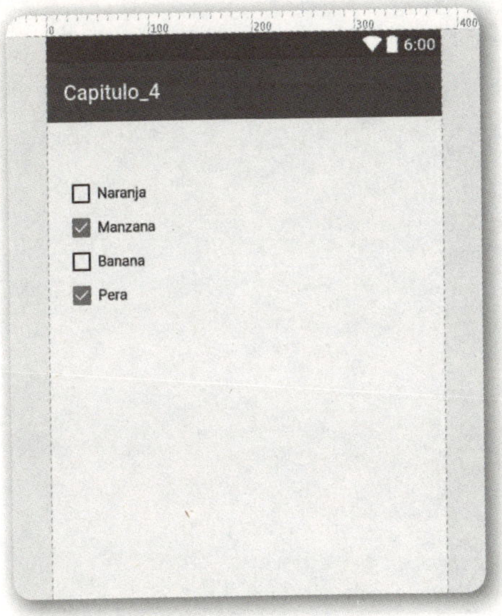

Figura 20. Los **checkBox** comparten con los **radioButton** la propiedad **android:checked** para la selección de una opción.

LISTAS

Una lista, en programación, es una colección ordenada de elementos de cualquier tipo. Nos sirven para mostrarle al usuario información de manera ordenada y prolija.

Para crear una lista en Android Studio debemos utilizar el componente **ListView**, dentro de la carpeta **Containers** de la paleta de componentes (**Palette**).

Por otro lado, también tenemos que tener preparados los elementos que mostraremos en la lista. Para esto, podemos hacer uso del archivo mencionado en este mismo capítulo, **strings.xml**, que se encuentra dentro de la carpeta **values** (valores), que, a su vez, se halla en la carpeta **res** (recursos).

Como explicamos anteriormente, en este archivo podemos incluir texto al que se puede acceder desde la aplicación, por lo que nos va a ser útil, en este caso, para crear un vector y después llamarlo desde el componente **ListView**. Dentro del archivo **strings.xml**, definimos el vector de la siguiente manera:

```
<resources>
    <string name="app_name">MiAplicacion</string>
```

```
    <string name="hello_world">Hello world!</string>
    <string name="action_settings">Settings</string>


    <string-array name="paises">
        <item>Argentina</item>
        <item>Chile</item>
        <item>Colombia</item>
        <item>México</item>
        <item>Paraguay</item>
        <item>Perú</item>
        <item>Uruguay</item>

    </string-array>


</resources>
```

Podemos observar que un vector se declara haciendo uso de la etiqueta **string-array**, y que debe tener un nombre (**name**) para después poder ser llamado por el **ListView**; y entre las etiquetas **item** se incluyen los elementos que componen el vector.

Desde nuestra actividad, agregamos el componente **ListView** y, en la propiedad **entries**, hacemos el llamado al vector **países**. De esta forma, el **ListView** ya tiene asociado el vector que creamos en el archivo **strings.xml**.

El código generado en la vista de texto (**Text**) es el siguiente:

ARRAY

Un **array** —llamado también "arreglo" o "vector"— es una estructura en la que se almacena un conjunto de datos del mismo tipo, ordenados en forma lineal, uno a continuación de otro, con un nombre en común. Un array se caracteriza por almacenar los datos en posiciones de memoria contigua y tener un solo nombre de variable que representa a todos los elementos (los cuales, a su vez, se diferencian por un índice o subíndice). Esto nos permite acceder a los elementos de un array en forma aleatoria a través de su índice.

```
<ListView
        android:layout_width="wrap_content"
        android:layout_height="wrap_content"
        android:id="@+id/listView"
        android:layout_alignParentTop="true"
        android:layout_alignParentStart="true"
        android:entries="@array/paises"
        android:fastScrollAlwaysVisible="true" />
```

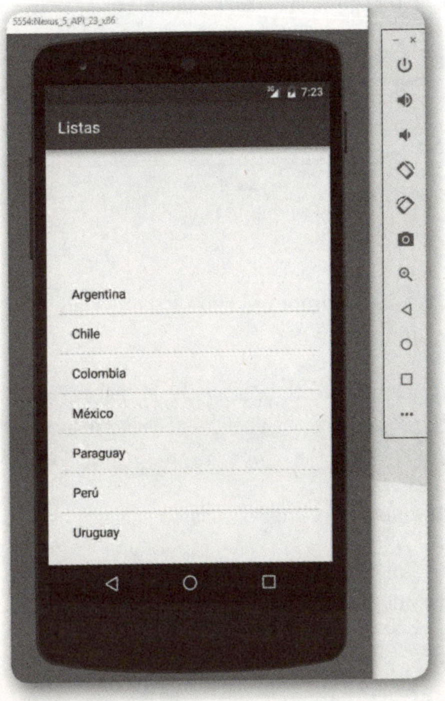

Figura 21. Si ejecutamos el emulador de Android Studio, podemos observar al componente **ListView** con el vector que creamos en el archivo **strings.xml**.

RESUMEN

En este capítulo, aprendimos a utilizar algunos componentes de la interfaz de usuario. Para empezar, conocimos los distintos tipos de layouts y vimos el componente de texto. Aprendimos a configurar botones y a agregar imágenes, así como añadir un icono a la aplicación haciendo uso de los recursos de Android Studio. Conocimos también dos componentes de selección: los botones de opción y las casillas de verificación. Por último, vimos para qué se utilizan las listas y cómo crear un array para cargarlas en nuestra aplicación.

ACTIVIDADES

TEST DE AUTOEVALUACIÓN

1 ¿Qué es un **FrameLayout** y en qué casos se utiliza?

2 ¿Qué diferencia existe entre un **TableLayout** y un **GridLayout**?

3 ¿Cuáles son las principales propiedades de un **RelativeLayout**?

4 ¿Qué diferencia hay entre una etiqueta **TextView** y una etiqueta **EditText**?

5 ¿Por qué para crear una lista se debe asociarla a un array?

EJERCICIOS PRÁCTICOS

1 Cree un nuevo proyecto, seleccionando como actividad la plantilla **BlankActivity**.

2 Agregue un componente **TextView** que diga **Ejemplo**. Cambie la propiedad **TextColor** para que el texto se muestre en color rojo.

3 En el archivo **strings.xml**, cree una cadena de texto que diga **Hola, estoy aquí**. Luego agregue el componente **Large Text** y asígnele la cadena creada anteriormente.

4 Agregue un botón que diga **Ingresar** y defina las propiedades de la altura y anchura a **wrap_content**.

5 Copie una imagen en la carpeta **drawable**. Agregue un componente **ImageView** para visualizar dicha imagen.

6 Cree un proyecto llamado **miPrimerProyecto** y reconozca la interfaz de desarrollo de Android Studio.

05 Almacenamiento de datos

En este capítulo veremos cómo interpretar el código generado por Android Studio en los archivos .java para poder agregar nuestro código a este. Explicaremos cómo guardar la configuración de un usuario en un archivo de texto utilizando la clase SharedPreferences. Posteriormente, mediante un ejemplo práctico, aprenderemos cómo guardar información en una base de datos SQLite empleando la clase llamada SQLiteOpenHelper.

FUNCIONAMIENTO DEL CÓDIGO

Antes de ver cómo funciona el almacenamiento de datos en Android, explicaremos algunos conceptos para comprender cómo funciona el código de un proyecto en Android con la extensión **.java**.

Todo proyecto en su interior tiene o hace referencia siempre a un archivo que utiliza la extensión **.java** (correspondiente a nuestra actividad). Este archivo se encuentra disponible dentro de nuestra aplicación en el directorio **java**, en la carpeta **com.example.nombre.proyecto**, donde "nombre" y "proyecto" son el nombre de usuario y el nombre del proyecto, respectivamente. Este archivo **.java** va a tener, generalmente, el nombre de la aplicación, en nuestro ejemplo es **MiAplicacion.java**.

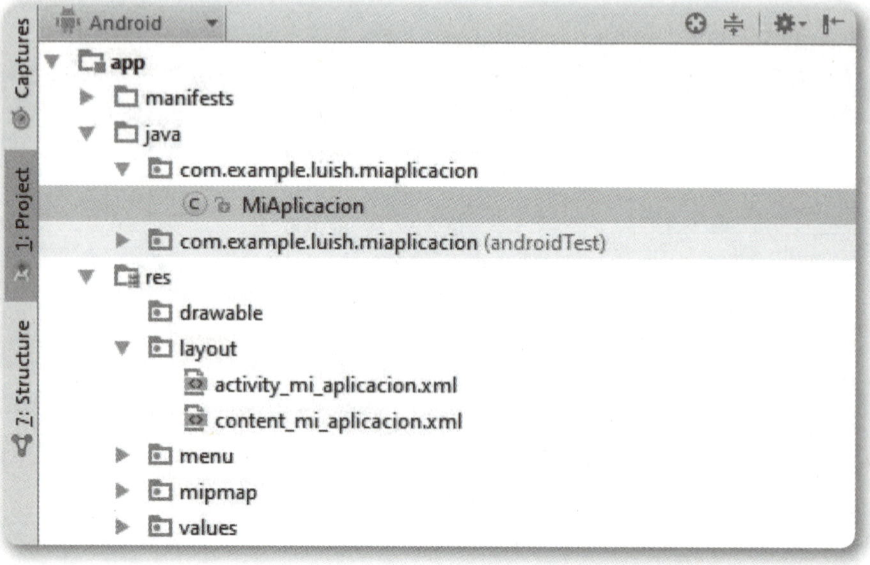

Figura 1. Dentro del archivo **.java** que nos provee Android Studio podemos agregar código funcional a nuestra aplicación.

El código generado por Android Studio al crear una aplicación del tipo **Blank Activity** es el siguiente:

```
package com.example.luish.miaplicacion;

import android.os.Bundle;
```

```
import android.support.design.widget.FloatingActionButton;
import android.support.design.widget.Snackbar;
import android.support.v7.app.AppCompatActivity;
import android.support.v7.widget.Toolbar;
import android.view.View;
import android.view.Menu;
import android.view.MenuItem;

public class MiAplicacion extends AppCompatActivity {

    @Override
    protected void onCreate(Bundle savedInstanceState) {
        super.onCreate(savedInstanceState);
        setContentView(R.layout.activity_mi_aplicacion);
        Toolbar toolbar = (Toolbar) findViewById(R.
id.toolbar);
        setSupportActionBar(toolbar);

        FloatingActionButton fab = (FloatingActionButton)
findViewById(R.id.fab);
        fab.setOnClickListener(new View.OnClickListener() {
            @Override
            public void onClick(View view) {
                Snackbar.make(view, "Replace with your own
action", Snackbar.LENGTH_LONG)
                        .setAction("Action", null).show();
            }
        });
    }

    @Override
    public boolean onCreateOptionsMenu(Menu menu) {
        // Inflate the menu; this adds items to the action
bar if it is present.
        getMenuInflater().inflate(R.menu.menu_mi_aplicacion,
menu);
        return true;
```

```
        }

        @Override
        public boolean onOptionsItemSelected(MenuItem item) {
            // Handle action bar item clicks here. The action
bar will
            // automatically handle clicks on the Home/Up but-
ton, so long
            // as you specify a parent activity in AndroidMani-
fest.xml.
            int id = item.getItemId();

            //noinspection SimplifiableIfStatement
            if (id == R.id.action_settings) {
                return true;
            }

            return super.onOptionsItemSelected(item);
        }
    }
```

Como podemos observar, primero se nombra el paquete de la siguiente manera:

```
package com.example.luish.miaplicacion;
```

CLASE

Podemos decir que una **clase** es una estructura básica que nos permite determinar cómo serán los objetos, es decir, definir las propiedades y métodos de un objeto. Para declarar una clase, usamos la palabra reservada **class** seguida del **nombre** de la clase. Luego, encerrado entre las llaves de apertura y cierre, definimos el **cuerpo** de la clase. En el cuerpo de la clase habitualmente se declaran las variables y métodos. Por ejemplo: **public class NombreClase {(cuerpo de la clase)}**.

En Java, cada proyecto es organizado por **paquetes** (en inglés, *packages*), y cada paquete contiene un conjunto de estructuras de código agrupado del mismo tipo —donde mantenemos clases, funciones, entre otros—, que están relacionadas entre sí.

En segundo lugar, el código hace referencia a los **import**, desde donde se importan otros paquetes que contienen estructuras de código correspondientes a una clase u objeto que utiliza nuestra actividad.

```
import android.os.Bundle;
import android.support.design.widget.FloatingActionButton;
import android.support.design.widget.Snackbar;
import android.support.v7.app.AppCompatActivity;
import android.support.v7.widget.Toolbar;
import android.view.View;
import android.view.Menu;
import android.view.MenuItem;
```

Por ejemplo, en las últimas dos líneas de código, estamos llamando a un paquete Android que contiene toda la estructura de la clase **menú**, —que por defecto Android Studio agrega a nuestra actividad—. Sin ese llamado al paquete, este no funcionaría.

Si seguimos con la estructura del código, vemos que luego se crea una clase pública con el nombre de la aplicación; en nuestro ejemplo, como denominamos el proyecto **MiAplicacion**, esa clase recibe el mismo nombre. Esta clase se hereda de la clase java **Activity** (**AppCompatActivity**).

HERENCIA

Este es otro concepto en que se basa la programación orientada a objetos. La **herencia** es un mecanismo que nos permite reutilizar el código de una clase que hemos creado previamente. Es decir que, basándonos en una clase existente, podemos crear una nueva que comparta los atributos y métodos de la clase padre, además de poseer los propios.

```
public class MiAplicacion extends AppCompatActivity {
}
```

Dentro de esta clase, lo primero que nos encontramos es un método **onCreate()**, que es el que utiliza la clase para crear la actividad, y, por último, dos métodos para el menú: **onCreateOptionsMenu()** y **onOptionsItemSelected()**.

ALMACENAMIENTO DE DATOS

Almacenar datos significa guardarlos en el dispositivo móvil, ya sea en la memoria interna del dispositivo o en una tarjeta externa. A su vez, estos datos pueden ser guardados en una **base de datos** o ser alojados directamente en un **archivo de texto**. Por ejemplo, si diseñamos un juego, los datos (como su configuración y la última jugada) generalmente se guardan en el dispositivo, ya sea en una base de datos o en un archivo de texto. Así el usuario, al acceder, encuentra el juego en el estado en que lo dejó y no tiene que realizar todo el proceso desde el comienzo.

También podemos tener almacenados datos en un **servidor**, el cual —mediante un lenguaje como **PHP**— nos permite acceder a estos sin necesidad de guardarlos en nuestro dispositivo.

Guardar datos en un archivo

Para almacenar datos en un archivo de texto —esto es, sin usar una base de datos— podemos utilizar la clase **SharedPreferences** (en español, 'preferencias compartidas'). Esta permite acceder a los métodos de lectura y escritura en un archivo de texto y, como su nombre lo indica, sirve para guardar las preferencias del usuario de una determinada aplicación. Todas estas preferencias son guardadas en un archivo **XML**.

Ejemplo práctico

Para explicar cómo funciona la clase **SharedPreferences**, el guardado de una configuración y su posterior lectura, vamos a ver un ejemplo práctico. Haremos que el usuario ingrese su nombre y su e-mail, y que, cada vez que reinicie su aplicación, se cargue en pantalla el último nombre y e-mail que ingresó.

Creamos, entonces, un proyecto al que llamaremos **Preferencias**, que tenga una actividad en blanco (**Blank Activity**). En la parte de diseño (**Design**) agregamos dos **TextView** y dos **PlainText** (**EditText**) y, para terminar, dos botones (**Button**).

En la propiedad **text** del primer **TextView** escribimos "Ingrese su nombre:", en el segundo, en la misma propiedad, escribimos "Ingrese su e-mail:". A los **EditText** les asignamos como **ID** (identificador) **txtNombre** y **txtMail**, respectivamente.

A los botones, en la propiedad **onClick**, les indicamos "guardar" y "cerrar", respectivamente, y en la propiedad **text**, también indicamos **Guardar** y **Cerrar**. Para terminar, podemos incorporar a nuestra actividad unos **LinearLayout** para que nos queden alineados los componentes.

Finalmente, el código generado en el modo **Text** del archivo **content_preferencias.xml** es el siguiente:

```
<LinearLayout
        android:orientation="vertical"
        android:layout_width="match_parent"
        android:layout_height="match_parent"
        android:layout_alignParentTop="true"
        android:layout_alignParentStart="true"
        android:weightSum="1">

        <LinearLayout
            android:orientation="horizontal"
```

OTRAS PUBLICACIONES ÚTILES

Para profundizar los conocimientos en lenguaje Java, que nos servirán para desarrollar aplicaciones más complejas, recomendamos leer los manuales **Java** (2011), de Ignacio Vivona, y **Programación web Java** (2006), de Andrés Quijano Martínez, así como el libro **Java desde cero** (2014), publicados por esta misma editorial.

```
        android:layout_width="match_parent"
        android:layout_height="wrap_content"
        android:layout_weight="0.06">

        <TextView
            android:layout_width="wrap_content"
            android:layout_height="wrap_content"
            android:text="Ingrese su Nombre:"
            android:id="@+id/textView" />

        <EditText
            android:layout_width="wrap_content"
            android:layout_height="wrap_content"
            android:id="@+id/txtNombre"
            android:layout_weight="1" />
    </LinearLayout>

    <LinearLayout
        android:orientation="horizontal"
        android:layout_width="match_parent"
        android:layout_height="wrap_content"
        android:layout_weight="0.06">

        <TextView
            android:layout_width="wrap_content"
            android:layout_height="wrap_content"
            android:text="Ingrese su E-mail:"
            android:id="@+id/textView2" />

        <EditText
            android:layout_width="wrap_content"
            android:layout_height="wrap_content"
            android:inputType="textEmailAddress"
            android:ems="10"
            android:id="@+id/txtMail"
            android:layout_weight="1" />

    </LinearLayout>
```

```
    <LinearLayout
        android:orientation="horizontal"
        android:layout_width="match_parent"
        android:layout_height="wrap_content"
        android:layout_weight="0.06"
        android:weightSum="1">

        <Button
            android:layout_width="159dp"
            android:layout_height="wrap_content"
            android:text="Guardar"
            android:id="@+id/button"
            android:background="#5e97d8"
            android:textColor="#ffffff"
            android:onClick="guardar"
            android:layout_weight="0.83" />

        <Button
            android:layout_width="166dp"
            android:layout_height="wrap_content"
            android:text="Cerrar"
            android:id="@+id/button2"
            android:onClick="cerrar"
            android:textColor="#ffffff"
            android:background="#ec5050" />
    </LinearLayout>
</LinearLayout>
```

VARIABLES

Una variable es el elemento del código que empleamos para guardar valores o información temporal que luego usaremos en la ejecución de un programa. El contenido que se guarda en la variable es la información que queremos manipular y se llama **valor** de la variable. El uso de variables se debe a que, en muchas ocasiones, no tendremos la información que queremos manipular de antemano, sino que esta se va a generar o solicitar en un determinado momento.

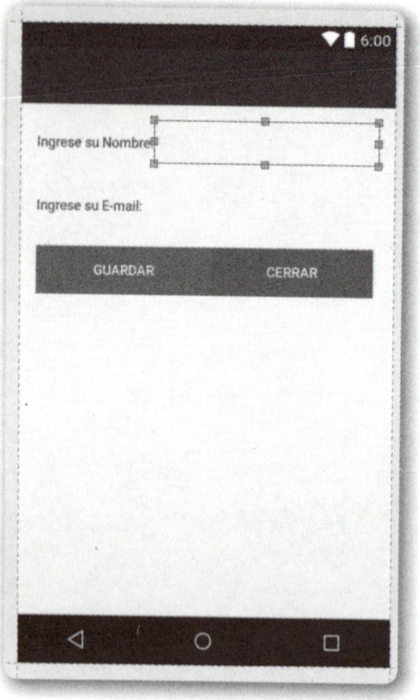

Figura 2. El diseño de nuestra aplicación debería ser similar al de esta imagen.

En el archivo **Preferencias.java** (el nombre que le dimos al crear nuestra aplicación), vamos a utilizar la clase **SharedPreferences**, con varios métodos que nos van a servir para guardar y mostrar los datos.

Lo primero que haremos es agregar dos variables del tipo **EditText** que utilizaremos más adelante:

```
private EditText txt1;
private EditText txt2;
```

Después, a esas variables les pasamos los identificadores (ID) de nuestros **EditText**, que agregamos en el archivo **content_preferencias.xml**

```
txt1 = (EditText) findViewById(R.id.txtNombre);
txt2 = (EditText) findViewById(R.id.txtMail);
```

A continuación, añadimos la referencia de un objeto de la clase **SharedPreferences** con el método **getSharedPreferences** y le damos el nombre **Configuración**, al cual le tenemos que pasar como parámetro el nombre del archivo (en nuestro ejemplo, **Configuración**). Por último, indicamos cómo se va a crear dicho archivo y qué modo de acceso tendrá.

Existen tres modos de acceso:

- **MODE_PRIVATE**: es el más recomendable, porque solo va a tener acceso nuestra aplicación.
- **MODE_WORLD_READABLE**: en este modo, todas las aplicaciones pueden leer nuestro archivo de preferencias.
- **MODE_WORLD_WRITABLE**: en este modo todas las aplicaciones pueden leer y escribir en el archivo.

En nuestro caso, como se ve a continuación, haremos que solo tenga acceso nuestra aplicación (**Context.MODE_PRIVATE**).

```
SharedPreferences configuracion=getSharedPreferences("Configur
acion", Context.MODE_PRIVATE);
txt1.setText(configuracion.getString("nombre", ""));
txt2.setText(configuracion.getString("mail", ""));
```

Nos falta agregar aún la función del botón "guardar". Presionar este botón hará que se escriba en el archivo de texto el nombre y el e-mail que luego serán mostrados al iniciar la aplicación.

```
public void guardar(View v) {
        SharedPreferences preferencias=getSharedPreferences(
"Configuracion",Context.MODE_PRIVATE);
        SharedPreferences.Editor editor=preferencias.edit();

        editor.putString("nombre", txt1.getText().to-
String());
        editor.putString("mail", txt2.getText().toString());
        editor.commit();
}
```

Con este código estamos realizando la función **guardar()** desde el evento **onClick** del botón "guardar" que pusimos en la vista de diseño sobre el archivo **content_preferencias.xml**. Debemos tener presente que cuando utilizamos un evento como **onClick**, por ejemplo, siempre tiene que haber una función declarada en el archivo **.java** con el desarrollo de dicha función. Después, creamos dos objetos: **preferencias**, que es el que va a guardar el nombre del archivo y el modo de acceso a este; y **editor**, que nos va a permitir editar el archivo. A este último, le pasamos el nombre de los campos que vamos a guardar (en nuestro ejemplo, "nombre" y "mail"), y le indicamos que son del tipo texto (**string**).

Para terminar, nos falta desarrollar la función **cerrar()**, que cierra la aplicación con el método **finish()**:

```
public void cerrar(View v){
        finish();
    }
```

El código final de nuestra aplicación es el siguiente:

```
package com.example.luish.preferencias;

import android.content.Context;
import android.content.SharedPreferences;
import android.os.Bundle;
import android.support.design.widget.FloatingActionButton;
import android.support.design.widget.Snackbar;
import android.support.v7.app.AppCompatActivity;
import android.support.v7.widget.Toolbar;
import android.view.View;
import android.view.Menu;
import android.view.MenuItem;
import android.widget.EditText;

public class Preferencias extends AppCompatActivity {
    private EditText txt1;
    private EditText txt2;
    @Override
    protected void onCreate(Bundle savedInstanceState) {
```

```
        super.onCreate(savedInstanceState);
        setContentView(R.layout.activity_preferencias);
        Toolbar toolbar = (Toolbar) findViewById(R.
id.toolbar);
        setSupportActionBar(toolbar);

        txt1 = (EditText) findViewById(R.id.txtNombre);
        txt2 = (EditText) findViewById(R.id.txtMail);

        SharedPreferences configuracion=getSharedPreferences(
"Configuracion", Context.MODE_PRIVATE);
        txt1.setText(configuracion.getString("nombre", ""));
        txt2.setText(configuracion.getString("mail", ""));

        FloatingActionButton fab = (FloatingActionButton)
findViewById(R.id.fab);
        fab.setOnClickListener(new View.OnClickListener() {
            @Override
            public void onClick(View view) {
                Snackbar.make(view, "Replace with your own
action", Snackbar.LENGTH_LONG)
                        .setAction("Action", null).show();
            }
        });
    }

    @Override

    public boolean onCreateOptionsMenu(Menu menu) {
        // Inflate the menu; this adds items to the action
bar if it is present.
        getMenuInflater().inflate(R.menu.menu_preferencias,
menu);
        return true;
    }

    public void guardar(View v) {
```

```
        SharedPreferences preferencias=getSharedPreferences(
"Configuracion",Context.MODE_PRIVATE);
        SharedPreferences.Editor editor=preferencias.edit();

        editor.putString("nombre", txt1.getText().to-
String());
        editor.putString("mail", txt2.getText().toString());
        editor.commit();

    }
    public void cerrar(View v){
        finish();
    }
    @Override
    public boolean onOptionsItemSelected(MenuItem item) {
        // Handle action bar item clicks here. The action
bar will
        // automatically handle clicks on the Home/Up but-
ton, so long
        // as you specify a parent activity in AndroidMani-
fest.xml.
        int id = item.getItemId();

        //noinspection SimplifiableIfStatement
        if (id == R.id.action_settings) {
            return true;
        }

        return super.onOptionsItemSelected(item);
    }
}
```

SQLite

Para presentar la siguiente manera de almacenar datos, veremos el funcionamiento de SQLite. Se trata de un software libre que permite guardar datos de manera rápida y sencilla, sobre todo, en dispositivos con pocos recursos, como los teléfonos inteligentes y las tablets.

SQLite emplea el lenguaje de consultas **SQL**, un lenguaje de programación que se utiliza para pedirle al sistema gestor de bases de datos que realice determinadas operaciones sobre las tablas.

Las **sentencias SQL** son las que permiten enunciar estas operaciones. Para extraer datos de una o varias tablas, utilizamos la sentencia **SELECT**, cuya sintaxis básica es la siguiente:

```
SELECT lista_campos FROM nombre_tabla [WHERE condición]
```

Veamos en detalle qué significa cada uno de estos términos:

- **SELECT**: selecciona los campos que conforman la consulta.
- **lista_campos**: es un parámetro compuesto por uno o más nombres de campos, separados por comas.
- **FROM**: es una cláusula obligatoria que permite indicar en qué tablas o en qué consultas se encuentran los campos especificados en la sentencia **SELECT**.
- **nombre_tabla**: es el nombre de la tabla donde se ubican los campos.
- **WHERE**: permite seleccionar todos los registros que se especifican en la condición. En la condición se pueden usar los operadores **=**, **>**, **<**, **<=**, **>=**, **<>**. Esta cláusula es opcional.

EJEMPLOS DE SENTENCIAS SQL

▼ SENTENCIA	▼ EXPLICACIÓN
SELECT * FROM Empleados	Selecciona todos los registros de la tabla Empleados.
SELECT nombre, apellido FROM Empleados	Selecciona los registros de tipo nombre y apellido de la tabla Empleados.
SELECT * FROM Empleados WHERE sucursal = 'Norte'	Selecciona todos los registros de la sucursal Norte contenidos en la tabla Empleados.

Tabla 1. Podemos crear estructuras más complejas utilizando otras cláusulas que nos ofrece el lenguaje SQL.

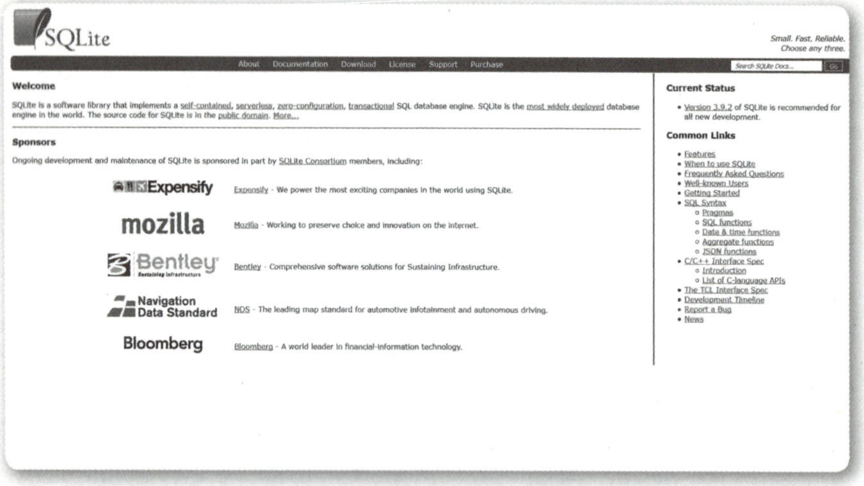

Figura 3. Página oficial de SQLite, donde podemos descargarlo y encontrar otra información: **www.sqlite.org**

Para trabajar con una base de datos SQLite, Android Studio nos provee de una clase llamada **SQLiteOpenHelper**, que nos permite crear, insertar y actualizar datos de una base SQLite.

Ejemplo práctico

En el ejemplo para ver el funcionamiento de SQLite y de la clase **SQLiteOpenHelper**, vamos a crear una agenda en la cual podamos insertar datos de personas y buscar y modificar sus contenidos.

Primero, crearemos un proyecto nuevo que nombramos **Agenda**. Este va a tener una actividad en blanco (Blank Activity), a la que le pondremos por nombre **Agenda**. Entonces, el proyecto tendrá, entre otros, un archivo **Agenda.java**, donde vamos a escribir el código necesario

ADMINER

Es un sistema escrito en PHP que nos permite administrar y gestionar la información almacenada en una base de datos. Fue desarrollado por Jakub Vrána y se distribuye bajo la licencia Apache. Adminer está disponible para MySQL, SQLite, MS SQL. Podemos obtener más información en su sitio web oficial: **www.adminer.org**

para agregar y modificar los datos de nuestra base de datos, y otro llamado **content_agenda.xml**, con la parte de diseño de nuestra aplicación. También, más adelante, agregaremos otro archivo **.java**, que va a ser el encargado de crear la tabla de nuestra base de datos. Para crear la interfaz de usuario, en el archivo **content_agenda.xml**, agregamos un **LinearLayout** con la propiedad **orientacion="vertical"** y, dentro de este, cinco **LinearLayout** con las propiedades **orientacion="horizontal"** y **Layout:heigth="wrap_content"**.

DESDE ANDROID STUDIO PODEMOS CREAR, AGREGAR Y ACTUALIZAR DATOS DE UNA BASE SQLITE

El primer layout tendrá dos componentes:

TextView con las propiedades:

- **layout_width="wrap_content"**
- **layout_height="wrap_content"**
- **text="Número:"**
- **id="@+id/textView"**

EditText con las propiedades:

- **layout_width="wrap_content"**
- **layout_height="wrap_content"**
- **inputType="number"**
- **id="@+id/editText"**

El segundo layout tendrá dos componentes:

TextView con las propiedades:

- **layout_width="wrap_content"**
- **layout_height="wrap_content"**
- **text="Nombre:"**
- **id="@+id/textView2"**

EditText con las propiedades:

- **layout_width="wrap_content"**
- **layout_height="wrap_content"**
- **id="@+id/editText2"**

El tercer layout tendrá dos componentes:

TextView con las propiedades:
- **layout_width="wrap_content"**
- **layout_height="wrap_content"**
- **text="E-mail:"**
- **id="@+id/textView3"**

EditText con las propiedades:
- **layout_width="wrap_content"**
- **layout_height="wrap_content"**
- **inputType="textEmailAddress"**
- **id="@+id/editText3"**

El cuarto layout tendrá dos componentes:

TextView con las propiedades:
- **layout_width="wrap_content"**
- **layout_height="wrap_content"**
- **text="Teléfono:"**
- **id="@+id/textView4"**

EditText con las propiedades:
- **layout_width="wrap_content"**
- **layout_height="wrap_content"**
- **inputType="number"**
- **id="@+id/editText4"**

Finalmente, el último layout que vamos a crear para configurar la interfaz de usuario tendrá un botón destinado a almacenar los datos ingresados por el usuario a la base de datos. Este botón tendrá las siguientes propiedades:

- **layout_width="fill_parent"**
- **layout_height="wrap_content"**
- **text="Agregar"**
- **id="@+id/button"**
- **onClick="nuevo"**

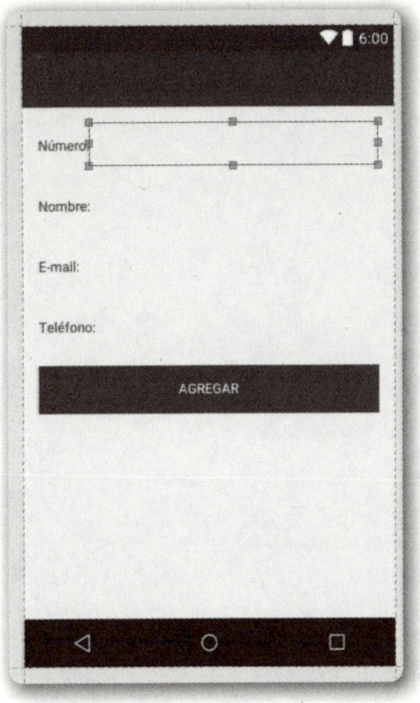

Figura 4. En la vista de diseño (modo **Design**) veremos un diseño similar al de esta imagen.

Al pasar del modo **Design** al modo **Text**, nuestro código completo quedaría como el siguiente:

```
<LinearLayout
        android:orientation="vertical"
        android:layout_width="match_parent"
        android:layout_height="match_parent"
        android:layout_alignParentTop="true"
        android:layout_alignParentStart="true"
        android:weightSum="1">

        <LinearLayout
```

CAMBIAR LAS PROPIEDADES

Si seleccionamos varios controles, podremos cambiar de manera simultánea sus propiedades para acelerar nuestro trabajo. Pero debemos tener en cuenta que cuando seleccionamos dos o más controles, en la ventana **Propiedades** únicamente veremos las propiedades compartidas por esos controles.

```
        android:orientation="horizontal"
        android:layout_width="match_parent"
        android:layout_height="wrap_content"
        android:layout_weight="0.07">

        <TextView
            android:layout_width="wrap_content"
            android:layout_height="wrap_content"
            android:text="Número:"
            android:id="@+id/textView" />

        <EditText
            android:layout_width="wrap_content"
            android:layout_height="wrap_content"
            android:inputType="number"
            android:ems="10"
            android:id="@+id/editText"
            android:layout_weight="1" />
    </LinearLayout>

    <LinearLayout
        android:orientation="horizontal"
        android:layout_width="match_parent"
        android:layout_height="wrap_content"
        android:layout_weight="0.07">

        <TextView
            android:layout_width="wrap_content"
            android:layout_height="wrap_content"
            android:text="Nombre: "
            android:id="@+id/textView2" />

        <EditText
            android:layout_width="wrap_content"
            android:layout_height="wrap_content"
            android:id="@+id/editText2"
            android:layout_weight="1" />
```